T0118799

QU'EST-CE QUE L'ENTREPRISE ?

COMITÉ ÉDITORIAL

CHEMINS PHILOSOPHIQUES

Collection dirigée par Roger POUIVET

Adélaïde de LASTIC

QU'EST-CE QUE L'ENTREPRISE ?

Paris
LIBRAIRIE PHILOSOPHIQUE J. VRIN
6, place de la Sorbonne, V^e
2015

Philip Pettit, « Deux sophismes à propos des personnes morales »,
Raisons politiques, n° 56, novembre 2014, p. 18-19.
© Paris, Presses de Sciences Po, 2014.

© *Librairie Philosophique J. VRIN,* 2015

Imprimé en France
ISSN 1762-7184
ISBN 978-2-7116-2638-0

www.vrin.fr

QU'EST-CE QUE L'ENTREPRISE ?

INTRODUCTION

EN QUOI L'ENTREPRISE PEUT-ELLE ÊTRE UN OBJET D'ÉTUDE POUR LA PHILOSOPHIE ?

Une première définition de l'entreprise pourrait être la suivante : Une entreprise est une structure économique et sociale qui regroupe des moyens humains, matériels, immatériels (par exemple un savoir-faire) et financiers, qui sont combinés de manière organisée pour fournir des biens ou des services à des clients ou bénéficiaires avec un impératif de rentabilité.

Cette définition large inclut les différents statuts possibles (structures lucratives ou non, privées ou publiques : sas, sarl, coopérative, association, université, collectivité territoriale ou ministère), les différentes tailles (de une à des milliers de personnes), les différentes formes (avec ou sans filiales, usines, bureaux, hôpitaux ou tout autre lieu d'exercice de l'activité professionnelle), les différents types d'emplacements géographiques possibles (lieu, milieu urbain ou rural). Le concept d' «entreprise» étudié ici sera considéré indépendamment des propriétés accidentelles que nous venons de citer. Il recouvre de façon large les organisations humaines qui ont pour objectif de produire des biens ou des services grâce au travail de personnes, avec une exigence de profit ou au minimum, de rentabilité.

Cette définition a plusieurs aspects :

– Un aspect économique, car l'entreprise doit être rentable : ses gains et ses dépenses doivent s'équilibrer. Le plus souvent, cet équilibre advient par le produit de la vente des biens et/ou services qu'elle produit. Dans le cas d'une recherche de profit ou de développement, l'entreprise doit chercher à dégager une marge sur la transformation de la matière première en produit/service fini. La différenciation d'avec les concurrents est un élément majeur de cette création de valeur ajoutée.

– Un aspect social, au sens où l'entreprise fonctionne comme un réseau d'acteurs (dirigeants, actionnaires, salariés, clients, fournisseurs), lui-même intriqué dans un réseau plus large qui est le réseau sociétal.

– Un aspect systémique, qui considère l'entreprise en tant que système, c'est-à-dire comme un ensemble organisé, composé de différentes fonctions, services, individus en permanente interaction, ouverte sur son environnement externe, qui est une source de menaces à appréhender mais aussi d'opportunités à saisir pour son développement.

D'après cette conception de l'entreprise comme unité économique de production de biens ou de services, on peut lui attribuer un double objectif. D'une part l'entreprise doit être rentable et a donc une finalité économique, et d'autre part elle doit créer des biens utiles à la société c'est-à-dire, à son épanouissement ; en ce sens elle a une finalité éthique [1]. Enfin, notre définition induit une forte dimension agissante de l'entreprise : elle produit, elle crée de la valeur, elle a un impact actif sur le monde.

Les questions que la philosophie peut adresser à l'objet « entreprise » sont alors de deux ordres : ontologiques et éthiques. D'une part, si on considère que l'entreprise crée de la valeur, alors, on considère que l'entreprise agit, puisque « créer de la valeur » est une action. Dans ce cas, on devrait reconnaître que l'entreprise est un agent. Mais alors quel type d'agent ? Et avant cela, en quoi la définition de l'entreprise implique-t-elle que l'entreprise soit un agent ?

Si l'entreprise est un agent, alors se posent les questions de responsabilité de l'agent-entreprise et dans ce cas, comment envisager la responsabilité de l'groupe-agent ? Si l'entreprise est un agent, alors elle peut répondre d'actions bonnes ou mauvaises, ayant un impact bon ou mauvais et dans ce cas, des questions éthiques se posent.

Ainsi, l'entreprise est un objet d'étude pour la philosophie à deux niveaux au moins : au niveau ontologique et au niveau éthique.

La première partie pose les questions suivantes : Qu'est-ce qu'est l'entreprise ? Qu'est-ce qui définit son essence ? De quoi est-elle constituée ? De quoi n'est-elle pas constituée ? L'objectif de ce premier temps est d'abstraire la structure de l'entreprise, au-delà de ses propriétés accidentelles – son statut juridique, sa taille, son type de lieu de travail, son type de production (biens, services) son secteur, etc. Cette première partie propose une ontologie de l'entreprise qui est originale

1. « Éthique » désigne ici le domaine qui recherche la meilleure façon d'être (*ethos*) pour l'humain dans son environnement.

parce qu'elle s'appuie sur une ontologie actionnelle de l'entreprise, c'est-à-dire sur la définition de l'entreprise en tant qu'action, dont l'existence elle-même est conditionnée par des actions.

La deuxième partie complète la démarche ontologique proposée, par une analyse de l'entreprise comme agent collectif. Comment fonder l'existence de l'entreprise en tant qu'agent ? C'est la première question, fondamentale, sur laquelle va reposer la suite de notre raisonnement. Nous voudrions montrer comment il est possible de considérer un groupe d'individus (et non une personne physique) comme agent responsable, capable de répondre de ses actes en tant que personne morale. Cette partie permet d'aborder la question de la responsabilité de l'entreprise et par là, de fonder le sujet de l'éthique en entreprise.

Les textes et leur commentaire complètent cette analyse en abordant deux sujets complémentaires. Le premier texte, extrait des *Politiques* d'Aristote est un texte fondateur de la pensée du lien entre éthique et économie, texte qui s'applique par là-même de façon très pertinente à l'éthique de l'entreprise.

Le deuxième texte est un article de Philip Pettit sur la normativité des entreprises en tant qu'agents collectifs, du point de vue des droits.

CHAPITRE PREMIER

LA NATURE ACTIONNELLE DE L'ENTREPRISE

La première partie aura pour objectif de proposer une ontologie de l'entreprise, c'est-à-dire d'énoncer certaines propriétés communes à toutes les entreprises à travers la diversité de leurs modes d'être. Or, la question de ce qui fait l'unité de l'entreprise est une question qui peut paraître aporétique à toute personne qui est amenée, *via* ses différentes expériences professionnelles, à intégrer ou à côtoyer des structures entrepreneuriales qui vont de l'association à l'entreprise cotée en bourse, en passant par la structure publique ; de la TPE de deux personnes à l'entreprise aux dix mille salariés ; des bureaux, à l'hôpital en passant par l'absence de local physique – le cas où les salariés travaillent de chez eux grâce à un bureau virtuel ou à une simple connexion Internet ; de la production de matière à la production d'idées ou encore de soin et de services. Qu'est-ce qui fait que toutes ces structures, extrêmement différentes dans leur organisation, peuvent être désignées par le même nom d' « entreprise » ?

Le point de départ de notre développement situe l'entreprise dans la classe d'objets à laquelle il appartient. Ainsi, l'entreprise doit d'abord être présentée comme un objet social, c'est-à-dire comme un objet qui a une réalité physique et une réalité sociale. Le billet de banque en est un exemple connu :

> Comme morceau de papier, il est un objet non social, comme
> billet de un dollar il est un objet social. Donc lequel est-ce ?
> La réponse, évidemment, est qu'il est les deux [1].

L'instanciation physique de l'entreprise peut permettre de
la caractériser seulement du point de vue de ses propriétés accidentelles. Ainsi, le fait qu'il y ait tel nombre de salariés et tels
types de postes et de compétences, participe de la description
d'*une* entreprise à un moment *t*, mais ne définit pas l'essence
de l'entreprise. De même, la présence éventuelle de bureaux,
leurs emplacements, leurs tailles, peut varier sans pour autant
modifier l'essence de l'entreprise. Enfin, l'existence de
projets, les types de projets, le nombre de projets, les contrats,
ne sont pas non plus des propriétés intrinsèques de l'entreprise.
On ne peut connaître les propriétés intrinsèques de l'entreprise
par ses instanciations physiques en elles-mêmes. La définition
de l'entreprise ne peut se réduire à ses bâtiments, aux
personnes qui y travaillent, à ses statuts juridiques, à ses
projets, ou à ses systèmes d'information. Même si ces aspects
font partie de la réalité de l'objet social qu'est l'entreprise, ils
ne sont que des propriétés accidentelles, particulières, vouées à
l'évolution.

Pour autant, notre objectif est bien de définir les propriétés
intrinsèques de cet objet social. Dans ce dessein, il paraît
pertinent de partir de ce qui définit un objet social pour ensuite
spécifier l'entreprise.

Un objet social est un objet qui existe par l'intentionnalité
humaine, c'est-à-dire que c'est un objet qui est ce qu'il est à
cause de l'action d'au moins un sujet sur lui, et à cause de

---

1. P. Livet and R. Ogien, *L'enquête ontologique, Du mode d'existence des
objets sociaux*, Paris, EHESS, 2001, p. 201.

l'intention d'au moins un sujet sur lui. En fait, on pourrait dire qu'un objet social se caractérise par trois points :

– C'est un objet en réseau : car il est ce qu'il est à cause d'au moins une action/une intention humaine, ce qui crée une relation (il y a au moins un vecteur dans le réseau).

– C'est un objet organisé. Car il est conçu et donc organisé selon une finalité.

– Corrélativement à cela, c'est un objet qui existe par une/des action(s). Comme l'école n'existerait pas sans l'action d'apprendre, ou le billet de banque sans l'action de payer, l'entreprise n'existerait pas sans, au minimum, l'action d'entreprendre.

Pour spécifier l'objet social « entreprise », il faut préciser : Quel type de réseau ? Quel type d'organisation ? Quel type d'action ? La réponse à ces trois questions permet de spécifier trois propriétés intrinsèques, trois conditions nécessaires à l'existence de l'entreprise. L'ontologie de l'entreprise, en tant qu'ontologie appliquée à un objet « ordinaire » (*cf.* schéma 1), est l'outil qui va nous permettre d'aborder tous ces aspects : le réseau des parties prenantes, l'entreprise en tant que système organisé dans un environnement organisé, la finalité économique et de production.

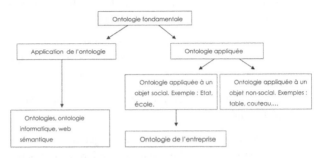

*Schéma 1 : Situer l'ontologie de l'entreprise
dans la « sphère ontologique »*

Cette démarche d'ontologie appliquée à l'entreprise, va nous permettre, par un détour théorique, de mieux comprendre les spécificités du mode d'existence de l'entreprise. Les différents niveaux d'ontologie, que sont l'ontologie fondamentale et l'ontologie appliquée, sont liés.

> Nous redescendons vers les choses empiriques quand l'ontologie formelle risquant de devenir un simple jeu métaphysique (…), requiert le retour au sens commun. Nous remontons à l'ontologie fondamentale quand nous avons besoin de concepts et de distinctions formelles (…) [1].

Le passage d'un niveau d'ontologie à l'autre est fluide et dynamique. Il doit servir à une meilleure analyse et à une meilleure compréhension des choses quotidiennes et ordinaires.

---

1. R. Pouivet, *Philosophie du rock : une ontologie des artefacts et des enregistrements*, Paris, P.U.F., 2010, p. 20.

L'ENTREPRISE EST UN OBJET SOCIAL EN RÉSEAU
QUI IMPLIQUE DES RELATIONS AVEC DES PARTIES PRENANTES

L'entreprise est un objet en réseau, c'est-à-dire qu'il implique des relations de plusieurs types, qui peuvent être modélisées par des vecteurs entre différents nœuds du réseau. Ce réseau de relations modélise aussi le réseau d'intentionnalités qui confèrent son identité à un objet social – un objet social existant, par nature, grâce à l'intention d'humains qui lui confèrent son identité. Ainsi, le billet de banque n'est pas seulement une feuille de papier, pour la simple raison que des humains le perçoivent comme billet de banque.

Pour spécifier l'objet social qu'est l'entreprise, il s'agit de préciser le type de réseau qui la concerne. Quels sont les types de nœuds du réseau de l'entreprise ? Quels sont les types de relations entre les nœuds du réseau ? De quelle ampleur est le réseau ?

Types de nœuds du réseau : les parties prenantes

L'entreprise dans laquelle vivent ces relations est donc considérée comme un objet en réseau :

> Le réseau représente un mode d'organisation non-hiérarchique, formé de pôles ou de nœuds d'où partent des canaux constitués de flux divergents et constituants un tout cohérent. (…) C'est un système extrêmement souple, malléable, et susceptible de s'adapter en permanence aux besoins, par adjonction de nouveaux canaux et

dépérissements d'anciennes branches, sans que cela remette en cause la cohérence du tout. C'est un système ouvert (...) [1].

Les nœuds du réseau de l'entreprise sont les acteurs impliqués par l'existence de l'entreprise qu'on appelle, les parties prenantes.

Selon Freeman, considéré comme le père du concept,

> Une partie prenante est un individu ou groupe d'individus qui peut affecter ou être affectée par la réalisation des objectifs organisationnels [2].

Ainsi, si l'on applique cette définition à l'organisation entrepreneuriale, une frange environnementale humaine et non-humaine aussi large que la définition elle-même semble être convoquée. Car sont affectés par la réalisation des objectifs organisationnels : les investisseurs, les fournisseurs, les salariés, les clients, les actionnaires, mais aussi la faune et la flore locale, et l'ensemble de la société, d'une manière plus ou moins directe.

La question des limites à poser dans la considération des parties prenantes devient alors vite insoluble. Pourtant, elle est essentielle pour définir le niveau de responsabilité de la gouvernance de l'entreprise. Les types de parties prenantes qui sont pris en considération ou non disent quelque chose de la façon dont l'entreprise se donne les moyens de mesurer l'ensemble de ses impacts et d'en répondre. Ce point renvoie à la question de la responsabilité sociétale des entreprises (RSE) qui sera abordée dans la suite de cet ouvrage.

---

1. R. Passet, *Les grandes représentations du monde et de l'économie à travers l'histoire : de l'univers magique au tourbillon créateur*, Arles, Actes Sud, 2010, p. 620.

2. R. Freeman, *Strategic Management : A Stakeholder Approach*, Boston, Marshall, M. A. Pitman, 1984, p. 46.

Pour tenter d'apporter un élément caractérisant dans le choix des parties prenantes à considérer par l'entreprise, une distinction peut être établie entre les parties prenantes volontaires, et les parties prenantes involontaires. La distinction est énoncée notamment chez Clarkson [1]. Les *stakeholders* volontaires investissent des capitaux (investisseurs) et s'associent (salariés, consommateurs, fournisseurs) de leur plein gré à l'entreprise dans le but d'en tirer un certain profit pour eux-mêmes : emploi, produits ou services de qualité, bénéfices financiers. D'un autre côté, les *stakeholders* involontaires que sont l'environnement humain, animal, naturel peuvent éventuellement voir leur bien-être diminué à cause de l'activité de l'entreprise qu'ils n'ont pourtant pas délibérément souhaitée. On peut formuler cette distinction autrement en désignant les parties prenantes « partenariales » d'un côté, et les parties prenantes « sociétales » de l'autre [2]. La conception partenariale se limite aux parties disposant d'une relation contractuelle avec l'entreprise (actionnaires, créanciers, salariés, fournisseurs, clients, etc). La conception sociétale intègre l'ensemble des individus, institutions, groupes vivants et espaces bio-physiques susceptibles d'affecter l'activité et les décisions de l'entreprise et/ou susceptibles d'être affectés par elles. Les parties prenantes partenariales sont considérées comme primaires, alors que les parties prenantes sociétales, considérées comme secondaires, incluent l'environnement de

1. M. B. Clarkson, « A Stakeholder Framework for Analyzing and Evaluating Corporate Social Performance », *Academy of Management Review,* 20, n°1, 1995, p. 106.
2. M. Capron et F. Quairel, « Les dynamiques relationnelles entre les firmes et les parties prenantes », *Gouvernement d'entreprise et gestion des relations avec les parties prenantes, Rapport pour le Commissariat « Général » du Plan,* 2002, p. 32.

proximité (riverains, bassin d'emploi, communautés environ-
nantes) et/ou régional, national et mondial.

Cette distinction est importante car elle permet d'affiner
les possibilités de réseaux, formés par les nœuds de chaque
partie prenante éventuelle avec ses particularités liées à son
niveau d'engagement (volontaire ou non, primaire ou
secondaire), à sa nature (humaine, organisationnelle, naturelle), à ses enjeux socio-économico-politiques (croissance de
l'emploi, préservation de la nature, diplomatie internationale).
Il s'agit bien en effet d'un réseau qui se tisse à partir des parties
prenantes, et chaque précision sur les propriétés relationnelles
de ces parties prenantes permet d'affiner la modélisation des
concepts de gouvernance et de gouvernance responsable.

Les parties prenantes forment un réseau dynamique [1]. Il y a
d'un côté une dynamique externe de la firme, vers les parties
prenantes externes [2]. Elle inclut les dynamiques avec les investisseurs, les clients, l'environnement social et naturel. Cette
dynamique multi-acteurs peut inclure certains outils d'information, notamment sur les actions entreprises par la firme
(rapport annuel, reporting, etc.), mis à disposition des parties
prenantes concernées. D'un autre côté, la dynamique interne
de l'entreprise concerne les parties prenantes internes. Les
dynamiques internes aux organisations [3] incluent principalement les enjeux d'information, de communication, de management et notamment, de management de la responsabilité
sociétale comme projet réellement intégré dans la gouvernance.

1. Le terme de «réseau dynamique» est employé de cette façon pour
mettre l'accent sur la propriété dynamique d'un réseau.
2. M. Capron et F. Quairel, «Les dynamiques relationnelles entre les
firmes et les parties prenantes», *op. cit.,* 2e part.
3. M. Capron et F. Quairel, «Les dynamiques relationnelles entre les
firmes et les parties prenantes», *op. cit.,* 3e part.

Types de relations dans l'entreprise

Les relations impliquées par l'existence de l'entreprise sont de plusieurs types. Comme il a été dit, entre autres, pour définir ce qu'est un objet social, la constitution de l'objet social résulte des intentions des agents, et les intentions créent des relations de réseau. Dans un réseau, il existe aussi de nombreuses relations causales qu'il est intéressant d'envisager par rapport à la finalité de l'organisation.

1) Partons des relations causales du réseau. Comprendre la relation causale entre les nœuds du réseau vise à comprendre les effets d'un phénomène sur un autre. Dans le milieu de l'entreprise, on parlera volontiers d' « impact » pour désigner cet effet. L'impact peut être interne à l'entreprise ou externe à l'entreprise. En interne, il s'agit des relations causales entre des éléments liés aux circuits internes de l'organisation (agents, objets, évènements). En externe, il s'agit des relations causales avec des éléments externes à l'entreprise.

À l'intérieur d'un système entrepreneurial, la modélisation de la causalité est une condition nécessaire à la prévision, à la planification dans les organisations de travail et ce en vue de la production du bien ou du service. Ainsi, la causalité interne concerne les parties prenantes telles que les salariés et les actionnaires, mais également les relations entre les agents et les applications, et les relations entre les différentes applications, telles que ces dernières sont conçues pour répondre à un besoin fonctionnel de l'entreprise.

En externe, la modélisation de la causalité, est nécessaire à l'évaluation de l'impact de l'entreprise sur son environnement (en termes d'emplois ou en termes environnementaux par exemple), ainsi qu'à l'évaluation de l'impact du contexte sociétal sur l'entreprise (en termes de besoin de consommation par exemple). Dans ce cas, l'approche causale de l'organisation est relative à l'approche contextuelle [1]. Certains emplois de l'ontologie de l'entreprise spécialisent leur description en adoptant le point de vue du contexte, de l'environnement, dans lequel se situe l'entreprise et par là, des relations causales qui s'ensuivent [2]. Cette façon d'appréhender l'entreprise doit favoriser et fluidifier la compréhension et la communication entre les différents réseaux interconnectés, c'est-à-dire entre l'entreprise et ses relations externes telles que les clients, les fournisseurs, les parties prenantes sociales et environnementales, etc.

2) Au sein de l'entreprise, il existe des relations dues à l'intentionnalité des agents de l'entreprise. Par exemple, c'est par l'intention d'un agent a, directeur de magasin qui recrute, qu'un agent b devient technicien de surface dans un supermarché. Une personne physique devient un nœud du réseau de l'entreprise par l'intention de son manager qui lui donne un rôle, une fonction dans l'entreprise. C'est par l'intention d'un consommateur sur un produit de la marque x, suivi de l'acte d'achat, que le consommateur devient partie prenante du réseau de l'entreprise au titre de « client ».

Les relations entre les nœuds du réseau sont notamment le résultat d'intentions d'agents du réseau qui nouent certaines relations par une intention précise, servant les objectifs de l'organisation.

1. Hannes Michalek la défend en 2005 dans son article « A Causal Relation Based on Regularity and Manipulability » à *l'International Workshop on Vocabularies, Ontologies and Rules for The Enterprise* (VORTE). L'auteur cherche à faire tenir ensemble l'ontologie formelle et une analyse de la notion de causalité.

2. Mauri Leppänen, dans son article « The context-based enterprise ontology » (VORTE, 2005, p. 107), développe une méthodologie ontologique d'analyse du contexte qui comporte sept domaines : le but, l'acteur, l'action, l'objet, l'installation, le lieu et le temps.

Les intentions, dans le cadre du réseau, doivent alors être mises en lien avec la notion d'intégration d'éléments nouveaux dans le réseau. Intégrer un objet dans le réseau de l'entreprise implique de porter sur lui une intention chargée d'attentes significatives par rapport à la finalité de production du réseau. L'intégration dans un réseau consiste à attribuer à un objet un rôle significatif dans le réseau.

3) Enfin, on peut encore signaler les relations normatives du réseau. Les normes sont régulatrices, car elles permettent d'organiser, de guider et de coordonner les pratiques avec une visée de production. La norme est très liée, en ce sens, à la distribution des fonctions, des rôles, et par là même, à l'intégration dans le réseau.

Les normes peuvent aussi être plus implicites, déterminées par le milieu (le marché, la concurrence, l'environnement social et économique local) ou par l'enchâssement de l'organisation dans un réseau supérieur (les lois par exemple, un groupe économique plus important). Ainsi posée, la question des normes dans l'entreprise ouvre le champ de la réflexion sur le rapport entre décisions, actions, normes, dans l'entreprise, et par là même, sur le comportement éthique.

Consistance et limites du réseau

Une fois repérés les différents types de parties prenantes et leurs relations, il est intéressant d'évaluer la consistance de l'entreprise, c'est-à-dire ses limites, son ampleur, mais aussi les degrés d'engagement des nœuds dans le réseau et les types d'interactions entre les nœuds. La problématique de l'ampleur du réseau recouvre plusieurs items : Quelles parties prenantes ? Quelle implication des parties prenantes dans le réseau entreprise ? Le type de partie prenante inclus dans le réseau (clients, salariés, fournisseurs, environnement, etc.) permet déjà d'en percevoir les limites. Ensuite, le niveau d'implication et le niveau d'influence constituent une deuxième étape pour préciser encore cette perception de l'ampleur du réseau. La partie prenante identifiée est-elle (1) volontaire ou involontaire, (2) actuelle ou virtuelle, (3) interne ou externe ? La considération précise des parties prenantes et de leurs différentes propriétés permet de spécifier le type de l'entreprise particulière sur laquelle l'analyse porte.

1) La question du degré de volonté de l'engagement de la partie prenante dans le réseau a été évoquée précédemment avec la distinction entre partie prenante sociétale et partie prenante partenariale. On peut préciser davantage cette distinction en considérant d'autres degrés d'engagement des parties prenantes. Du moins engageant au plus engageant, ce sont les suivants : engagement personnel implicite, induit, explicite ; engagement interpersonnel implicite incomplet, implicite complet, explicite complet ; promesse explicite. Sans entrer dans la définition détaillée des niveaux d'engagement cités, que l'on peut entrevoir d'après leur nomination, nous noterons qu'à chacun de ces niveaux d'engagement dans le réseau social, correspond la possibilité d'une structure particulière [1]. Un autre niveau d'engagement déjà évoqué, le plus faible puisque non désiré, est celui de l'engagement involontaire qui peut être, par exemple, l'environnement, le voisinage. Les parties engagées involontairement sont indubitablement des nœuds du réseau puisque la réalisation des objectifs de l'entreprise les impacte et réciproquement. Cependant l'impact sera plus ou moins fort. Par exemple il ne sera pas le même sur l'environnement naturel selon que l'entreprise est

---

1. P. Livet and F. Nef, *Les Êtres Sociaux, Processus et Virtualité*, Paris, Hermann, 2009.

une usine de fabrication ou une société de service ; il n'aura pas le même poids selon que l'on a à faire à une firme de milliers de salariés ou à une PME.

2) L'analyse du réseau en tant que processus permet d'introduire une autre dimension dans l'engagement des parties prenantes. Ce niveau prend en compte le couplage actuel/virtuel qui intervient dans le dessin des nœuds du réseau. Ainsi, si un acteur n'est pas considéré comme faisant partie du réseau et peut potentiellement l'être, il fait partie des virtualités du réseau. Les virtualités, ne sont pas une actualité, ne sont pas une réalité, cependant elles pourraient émerger du réseau et devenir actuelles. Pour cette raison, elles peuvent mériter une certaine considération. La notion de virtualité induit celle d'interchangeabilité qui est aussi garante de la robustesse d'un réseau.

Relativement au couplage actuel-virtuel, il existe le concept de « substituabilité ». La substituabilité prévient les défaillances des nœuds du réseau, et permet ainsi de penser la continuité et la robustesse de celui-ci.

Enfin, le concept d' « émergence », également relatif à la notion d'actuel-virtuel, est un concept qui désigne l'apparition de nouvelles substances. Les entités émergentes (propriétés ou substances) « surgissent » d'entités plus fondamentales et leur sont «irréductibles». (Par exemple, il est parfois dit que la conscience est une propriété émergente du cerveau) [1]. C'est un phénomène qu'on trouve dans les domaines physiques, bio-logiques, écologiques, socio-économiques, linguistiques et autres systèmes dynamiques comportant des rétroactions.

---

1. T. O'Connor et H. Y. Wong, « Emergent Properties », *The Stanford Encyclopedia of Philosophy*, ed. E. N. Zalta, Spring, 2012, http://plato. stanford.edu/archives/spr2012/entries/properties-emergent/.

L'émergence dans le domaine du réseau social quant à elle, touche à plusieurs de ces domaines. Elle peut désigner l'émergence d'une nouvelle partie prenante, ou à identifier de nouvelles propriétés apparaissant dans le réseau. Ces dernières, devenant observables, peuvent indiquer le sens d'une organisation nouvelle du réseau. Les propriétés émergentes sont alors des indices particulièrement pertinents dans le cas d'une analyse de l'entreprise vue comme organisation de travail formalisée par un réseau.

3) On peut distinguer deux sortes de liens relatifs au réseau : les liens internes au réseau et les liens externes au réseau. La notion de système peut être utile, appliquée à l'entreprise, pour comprendre ce qui est interne ou externe à l'entreprise. Un système renvoie en effet à un ensemble d'éléments interagissant entre eux selon un certain nombre de principes ou de règles. Ces principes et ces règles forment des critères d'appartenance au système qui permettent de déterminer si une entité est intrinsèque au système, ou fait partie de son environnement et a par conséquent un lien extrinsèque avec lui. Ainsi, des parties prenantes telles que les fournisseurs ou l'environnement, ont des liens externes au réseau. Les salariés ou les actionnaires ont, quant à eux, un lien interne au réseau. Un système peut par ailleurs se montrer ouvert ou fermé dans tel ou tel domaine selon qu'il interagit directement ou non avec son environnement.

La problématique qui se pose alors est celle du poids des parties prenantes dans le réseau : Les parties prenantes internes ont-elles plus de poids dans la gouvernance de l'entreprise que la partie prenante environnementale par exemple ?

Conclusion

L'analyse de l'entreprise en tant qu'objet en réseau où les nœuds sont en relation s'est appuyée sur les outils de l'ontologie sociale. Elle permet de penser la co-évolution dynamique de l'humain et de son environnement entrepreneurial *via* notamment la question des parties prenantes et donc de la gouvernance.

> Il est en effet essentiel de s'intéresser aux mécanismes de gouvernance et qui vont conditionner l'ensemble des processus des organisations et qui vont par conséquent fournir le cadre organisationnel dans lequel les aspects relationnels interagiront avec les transactions. Cela implique d'analyser les caractéristiques de ces aspects relationnels et les enjeux pour les individus [1].

La gestion de l'entreprise peut être faite en fonction des intérêts de ses actionnaires. Mais elle peut également prendre en compte les intérêts de l'ensemble de ses parties prenantes à savoir les investisseurs, les salariés, les fournisseurs, les clients. Le concept même de *stakeholders* a été créé comme un clin d'œil au mot *stockholder* que l'on utilise pour désigner les actionnaires afin d'indiquer que d'autres parties ont un intérêt (« stake ») dans l'entreprise. Enfin, la gouvernance pourrait également se préoccuper de son environnement sociétal. Il y a donc beaucoup de possibilités et de virtualités dans le type de réseau induit par le concept général de gouvernance. L'analyse des différences entre réseaux de parties prenantes, tant dans leurs nœuds, que dans le niveau et la qualité d'engagement, permet de comprendre la structure des modèles, leurs

---

1. B. Pigé, « Ontologie, théorie et gouvernance des organisations ou la question de l'être aux fondements des enjeux de l'organisation », *La Revue Des Sciences de Gestion*, n° 251, 2001, p. 38.

spécificités ontologiques. Ces modèles permettent de mieux interpréter les processus actionnels et décisionnels qui ont cours dans une entreprise donnée.

Si on reprend l'image du nuage tel que le présente Peter Unger, avec la vision des relations existant entre les gouttes d'eau au sein du nuage [1], on conçoit l'existence du tout qu'est l'entreprise formée entre autres par son réseau de parties prenantes, et ce, en permettant plusieurs structures. En effet, les nœuds dessinent plusieurs possibilités de réseaux. Les différents processus actionnels et communicationnels sont en outre marqués par le niveau d'engagement des acteurs dans le réseau. Mais ces multiples possibilités de réseaux ne changent pas forcément le fait que l'organisation existe. Cette affirmation nous mène à une autre question déterminante. Existe-t-il des parties prenantes nécessaires à l'existence même de l'organisation ? Et si oui, quelles sont-elles ? Il semble que la seule partie absolument nécessaire à l'existence d'une organisation de type « entreprise » soit celle du ou des entrepreneur(s). En effet, les investisseurs peuvent être inexistants (société de service par exemple) ; les actionnaires ne sont pas non plus nécessaires à l'existence du réseau de l'entreprise ; les associations par exemple ont des investisseurs qui peuvent être des pouvoirs publics. Les bénéficiaires, ou consommateurs, ne sont pas non plus une nécessité au début de l'existence de l'organisation, mais ils sont une virtualité qui doit devenir actualité à un moment donné. En dehors de cette seule partie prenante nécessaire, les différents nœuds qui tissent le réseau n'ont pas d'incidence sur l'existence de l'entité qu'ils forment. En revanche, ils forment des types de réseaux différents qui

---

1. P. Unger, *Philosophical papers : Volume 2*, Oxford, Oxford University Press, 2006.

permettent de qualifier d'une façon ou d'une autre l'entreprise particulière sur laquelle porte l'analyse.

Nous proposons un schéma du réseau de l'entreprise, avec ses parties prenantes potentielles :

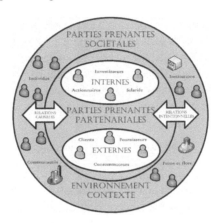

Schéma 2 : L'entreprise, un objet en réseau de parties prenantes

Ce schéma se présente comme une synthèse du réseau de l'entreprise, tel qu'il a été présenté dans ce chapitre. L'explication qui suit reprend les différentes spécifications du réseau des parties prenantes en les numérotant pour plus de clarté. (1) Le schéma montre deux sphères : partenariale ou sociétale. Les parties prenantes partenariales sont volontairement engagées dans le réseau, elles ont un lien contractuel avec l'entreprise. Les parties prenantes sociétales sont, en général, involontaires, elles résultent du contexte, de l'environnement dans lequel s'implante l'entreprise. (2) La relation peut être interne ou externe. Le classement des parties prenantes dans le cercle interne ou externe dépend des différents degrés d'engagement que nous avons décrits. Le degré d'engagement est généralement lié au type de partie prenante, mais pas toujours. Par exemple, un fournisseur qui serait fournisseur attitré et unique pourrait être classé dans les parties prenantes internes. Entre chaque partie prenante, (3) il existe potentiellement des relations causales et des relations intentionnelles. Les flèches qui ont été dessinées entre les deux cercles sont des flèches générales pour montrer que les relations causales et intentionnelles s'établissent entre tous les ensembles, entre chaque noeud du réseau. Enfin, (4) il faut rappeler que toutes les parties prenantes énoncées peuvent être actuelles ou virtuelles dans le réseau.

L'ENTREPRISE EST UN OBJET SOCIAL ORGANISÉ POUR PRODUIRE

L'entreprise, en tant qu'objet social, est un objet qui existe par une certaine organisation. Elle est conçue, et donc organisée, dans un sens qui lui confère une place, une utilité, dans un système organisé plus large.

De quel type d'organisation parle-t-on, s'agissant de l'entreprise ? Vers quelle finalité l'organisation de l'objet social entreprise est-elle tournée ? Quelles sont les caractéristiques impliquées par ce type d'organisation ?

Distinctions dans l'organisation

L'organisation de l'entreprise est tournée vers la production de biens et de services. Ceci implique pour elle de distinguer en son sein :

1) Des classes d'objets physiques qui instancient l'objet social et qui doivent être organisés : projets, personnes, produits, documents commerciaux, contrats, etc.

2) Des domaines d'activité : le classement des domaines d'activités dans l'entreprise peut se diviser par exemple en quatre domaines : activités, organisation, stratégie et marketing [1].

3) Des systèmes d'application : qui visent la production de l'entreprise. L'enjeu est de rendre ces applications interopérables, c'est-à-dire réutilisables, adaptables, et transparente [2]. Le concept d'implémentation est également utilisé. Par exemple : une implémentation dans une organisation commerciale [3] ; une implémentation de services sur le portail d'un e-gouvernement [4]. Cette perspective d'implémentation reprend l'idée d'harmonisation entre plusieurs applications hétérogènes en vue d'une meilleure intégration, d'une transformation qui soit une amélioration du système [5].

1. Voir Ushold, King, Moralee et Zorgios, *The Enterprise Ontology, AIAI, The University of Edinburgh*, 1997, http://citeseerx.ist.psu.edu/viewdoc/summary ?doi=10.1.1.39.3379., qui offrent une description approfondie des pôles d'activités constituant l'entreprise. Pour eux, celle-ci se divise en quatre domaines : activités, organisation, stratégie et marketing. Les sous-classements de ces domaines cherchent à atteindre l'exhaustivité, en nommant avec précision chaque constituant (un index compile ces informations à la fin de l'article).

2. S. Borgo et P. Leitão, « The Role of Foundational Ontologies in Manufacturing Domain Applications », *On the Move to Meaningful Internet Systems, CoopIS, DOA, and ODBASE*, 2004, p. 670-688.

3. R. Casallas, C. Acero, and N. López, « From High Level Business Rules to an Implementation on an Event-Based Platform to Integrate Applications », *VORTE*, 2005, p. 59.

4. N. Loutas *et al.*, « Facilitating the Semantic Discovery of eGovernment Services : The SemanticGov Portal », *Eleventh International IEEE EDOC Conference Workshop*, IEEE Computer Society, 2007, p. 157-164.

5. A. Sabucedo et A. Rifon, « An Ontology Based Architecture for eGovernment Environments », *Enterprise Distributed Object Computing Conference Workshops*, IEEE Computer Society, 2007, p. 165-172.

Processus et modèles

Les classes d'objets, les domaines d'activités, les systèmes d'application font sens dans l'entreprise lorsqu'ils sont reliés entre eux, de façon pensée, ce qui est le propre de l'organisation. Ainsi mis en musique par l'organisation, ils dessinent des processus. Les processus sont donc orientés vers la production de biens ou de services.

> Un processus est un enchaînement ordonné de faits, de phénomènes, d'opérations ou d'actions répondant à un certain schéma et aboutissant à la fabrication de quelque chose. (Larousse)

Les processus d'une entreprise particulière peuvent être modélisés [1], ce qui permet :

– de connaître les évolutions particulières des processus dans les entreprises [2] ;

– de modéliser les nœuds statiques et les nœuds dynamiques du processus ;

– de définir les transitions qui désignent le changement d'objet, de relation ou d'opération qui impacte le processus.

---

1. Voir notamment l'article intitulé *Enterprise Architecture Framework based on MDA to Support Virtual Enterprise Modeling* (Cadre de l'architecture d'entreprise basée sur le MDA pour la modélisation d'entreprise virtuelle) qui décrit une architecture d'entreprise basée sur le MDA (*Model Driven Architecture*) qui contribue à la configuration des processus de Tae-Young *et al.,* «Enterprise Architecture Framework based on MDA to Support Virtual Enterprise Modeling», *VORTE*, 2005, p. 51-58.

2. Hammoudi, Janvier et Lopes, «Mapping Versus Transformation in MDA : Generating Transformation Definition from Mapping Specification», *VORTE*, 2005, p. 33-39.

Il existe autant de configurations de processus que d'entreprises. De plus, les processus sont amenés à évoluer. Cependant, certaines règles générales peuvent s'appliquer.

Pour comprendre les généralités qui se retrouvent dans les différents types de processus de l'entreprise, on peut se servir du concept de « modèle ».

> Le modèle est donné pour servir de référence, de type. Il est la représentation schématique d'un processus qui peut être reproduit. (Larousse)

Le modèle serait analysable selon trois principes : opération, transaction, composition [1] :

– L'axiome d'opération implique qu'une organisation est par essence composée de sujets remplissant des rôles d'acteur. Les acteurs permettent l'opérationnalité d'une organisation en accomplissant deux genres d'actes : les actes de production et les actes de coordination. En exécutant les actes de production, les sujets contribuent à occasionner les biens et/ou les services qui sont fournis à l'environnement de l'organisation. Les résultats des actes de production sont des faits de production qui peuvent être divisés en faits matériels (manufacturés, transportables) ou immatériels (des décisions ou des jugements). Par l'exécution des actes de coordination, les sujets s'engagent les uns envers les autres en vue de l'exécution des actes de production. Les actes de coordination relèvent d'intentions (requête, promesse, question, assertion) et de propositions.

– L'axiome de transaction indique que des actes de coordination sont exécutés comme étapes dans les configurations

---

1. J. L. G. Dietz, *Enterprise Ontology: Theory and Methodology*, New York City, Springer, 2006.

universelles. Cet axiome indique les configurations socio-économiques universelles de la coordination qui opèrent dans tous les organismes et requiert une requête (phase de requête), un exécutant (phase d'exécution) et un accord entre les deux qui permet la phase de résultat.

– L'axiome de composition indique que des faits de production sont mis en corrélation ; sachant en effet que chaque transaction est prise dans un environnement d'autres transactions. Selon Dietz, cet axiome donne la base d'une définition bien fondée de la notion de processus d'affaires (business process). Le processus d'affaires est une collection de type de transaction, dont la première étape est : soit une requête formulée par un acteur externe, soit une requête formulée par un acteur interne. L'axiome de distinction nous indique que les acteurs exercent trois capacités humaines de base : performative, informative, et significative.

Dans l'entreprise, on peut distinguer deux orientations du modèle : l'une vers la fonctionnalité économique de l'entreprise, le modèle économique ; et l'autre vers la productivité de biens et de services, l'organisation du travail. Les deux orientations doivent être cohérentes entre elles afin de permettre la production de biens et/ou des services dans les meilleures conditions, c'est-à-dire en offrant un rapport optimal entre moyens mis en place et atteinte des objectifs (rapport moyens-fin).

L'ENTREPRISE EST UN OBJET SOCIAL
QUI A UNE DIMENSION ACTIONNELLE

L'entreprise en tant qu'objet social existe nécessairement par une/des actions. Il s'agit de savoir quelle(s) action(s) fait/font exister spécifiquement les entreprises. Deux idées seront développées ici :

1) L'entreprise est une action : l'action d'entreprendre.

2) L'action d'entreprendre implique nécessairement des actions : innover, travailler, organiser, décider.

L'existence de l'objet social entreprise impliquerait donc deux niveaux d'action : un niveau d'action, entreprendre, et un niveau de sous-actions qui sont nécessaires à l'entreprendre : innover, travailler, organiser, décider.

L'entreprise est une action : entreprendre

La partie qui suit vise à développer la thèse : « l'entreprise est une action ». Il semble nécessaire de fournir des définitions « de réserve » des termes « entreprendre » et « entreprise », qui fourniront le point de départ du développement qui va suivre :

– « Commencer à exécuter une action, en général longue ou complexe. » (Larousse)

– Le terme d' « entreprendre » étant un verbe d'action, implique nécessairement l'agent actif. Le terme d' « entreprise » est alors défini ainsi : « Ce qu'on se propose d'entreprendre, mise à exécution d'un dessein, action, affaire, œuvre, opération, ouvrage, travail. » (Le petit Robert).

– La définition peut se préciser autour du type d'entreprise qui nous intéresse, à savoir : « (…) organisation autonome de

productions de biens ou de services marchands. (…) Entreprise privée, publique, coopérative. (…) » (Le petit Robert).

On voit ici que l'entreprise correspond à des statuts, à un
objectif de production et surtout à une action initiale et à des
actions en particulier. L'action initiale est celle de créer, de
« monter » l'entreprise. Les actions sont celles qui vont
permettre de réaliser les objectifs de production de l'entreprise
et donc celles qui vont faire que l'entreprise pérennise son
existence.

> L'esprit d'entreprise, volonté de développement et de
> création continue, se manifeste concrètement à travers la
> réalisation de projets d'entreprise et repose donc sur le choix
> de lancer ces projets et d'en assurer la mise en œuvre. Entre-
> prendre, c'est ainsi faire flèche des possibilités qui s'offrent,
> des opportunités qui émergent dans un monde aléatoire en
> dessinant et en décidant un projet de création d'une nouvelle
> entité économique ou des projets d'avenir pour une entreprise
> existante [1].

Comment comprendre l'action d'entreprendre ?
Depuis quelques années, des recherches sont réalisées sur
ce qui pousse des personnes à entreprendre, à créer une
entreprise.

> Partant du principe que l'intention conduit à l'action, ils
> s'attachent à comprendre comment se forme ce qu'ils
> nomment « l'intention entrepreneuriale » [2].

Krueger et Carsrud ont, les premiers, appliqué la Théorie
du Comportement Planifié (TCP) qui s'intéresse aux facteurs

1. I. Danjou, *Entreprendre : la passion d'accomplir ensemble*, Paris,
L'Harmattan, 2004, p. 247.
2. I. Danjou, *Entreprendre : la passion d'accomplir ensemble*, *op. cit.*,
p. 225.

influençant le changement de comportement humain, au champ de l'entrepreneuriat[1]. Ces modèles font ressortir que l'entrepreneur passe à l'acte, sous l'influence d'un ensemble de facteurs d'origine psychologique (la disposition à l'action), sociologique (la crédibilité de l'acte), économique (la faisabilité, l'accessibilité des ressources), contextuelle (la discontinuité ou le déplacement).

Notons au passage que la reprise d'entreprise est considérée aussi comme faisant partie de l' « entreprendre ».

> Les cas de création ou de reprise d'entreprises offrent les situations les plus nettes et les plus parlantes pour illustrer le passage de l'intention à l'action d'entreprendre[2].

Le plus intéressant dans ces recherches n'est pas, dans le cas qui nous intéresse, de voir quels sont les facteurs propices au passage à l'acte d'entreprendre. Le plus intéressant est de voir que la question de l'intention se pose, et qu'elle entraîne, comme pour toute *praxis*, la question du degré de liberté et de déterminisme dans le passage à l'acte. Les questions d'éthique générale, d'intention et de responsabilité, se posent bien, de façon subsidiaire, dans l'action d'entreprendre.

Ajoutons un dernier élément sur la définition de l'entreprise comme action : celui de la continuité de l'action d'entreprendre. D'après ce qui vient d'être développé, on pourrait croire que l'action d'entreprendre est l'affaire d'une seule intention-décision-action. Au contraire, l'entreprise, pour vivre, pour continuer d'exister, appelle sans cesse l'action, les actions, qui permettront la réalisation des

---

1. N. F. Krueger et A. L. Carsrud, « Entrepreneurial intentions : Applying the theory of planned behaviour », *Entrepreneurship & Regional Development* 5, no° 4, janvier 1993, p. 315-330.

2. I. Danjou, *Entreprendre : la passion d'accomplir ensemble, op. cit.*, p. 228.

objectifs. L'entreprise vit donc par les actions ; son existence est conditionnée par une action d'entreprendre toujours renouvelée et donc multiple.

> [Entreprendre] C'est lancer une dynamique et la nourrir au cours du temps en opérant de nombreux choix. Entreprendre, ce n'est pas poser un acte isolé en un seul geste, ce n'est pas prendre une décision majeure ; c'est prendre de nombreuses décisions qui introduisent le changement, qui servent le développement[1].

La capacité à choisir, à décider, est fondamentale, car l'histoire de l'entreprise s'écrit sans cesse, l'entrepreneur en est le personnage principal et l'acte d'entreprendre est toujours à accomplir pour que l'histoire ne touche pas à sa fin.

L'entreprise existe par certaines actions : innover, travailler, organiser, décider

La réalité de l'entreprise implique l'acte d'entreprendre. Cette formulation peut sembler tautologique, cependant il paraît utile de la rappeler pour souligner l'implication nécessaire d'au moins un acte. La thèse qui va être développée à présent est que d'autres actions font exister l'entreprise : Des actions impliquées par l'acte d'entreprendre. Ces actions pourraient être comprises comme des « sous-actions » ou des « sous-classes » de l'acte d'entreprendre, c'est-à-dire qu'elles résultent d'une division de la classe d'action « entreprendre ». Ces actions seraient des composantes de l'acte d'entreprendre qui participent de l'existence de l'acte d'entreprendre.

Il s'agit donc de déterminer les actes, les types de faits sociaux qui font exister l'entreprise et en ce sens, nous disent

---

1. I. Danjou, *Entreprendre : la passion d'accomplir ensemble*, *op. cit.*, p. 247.

quelque chose de son essence. Il va être montré ici que l'existence de l'entreprise s'articulerait autour de quatre types d'action : innover, travailler, organiser et décider.

La détermination de ces quatre actions résulte d'une synthèse de la littérature sur l'entreprise. Cette littérature recouvre plusieurs disciplines, à savoir : l'ontologie de l'entreprise, la philosophie du travail, de l'innovation, de la stratégie, mais aussi les théories économiques de gestion, d'organisation et de management et la sociologie du travail et des entreprises. L'analyse sémantique et conceptuelle des textes livre une multiplicité de facettes de la réalité entrepreneuriale dont émergent des thèmes récurrents qui ont été classés en quatre types, en quatre classes conceptuelles relevant de l'action : innover, travailler, organiser, décider.

Cette littérature, en partie descriptive, permet de dire quelque chose de la quiddité de l'objet qui nous occupe. La description, appuyée sur l'expérience, permet d'enclencher l'analyse ontologique et de donner prise à la définition théorique de la substance entrepreneuriale. Il est donc possible de formuler comme hypothèse la proposition synthétique suivante : « l'entreprise existe par les actions : innover, travailler, organiser, décider. ». Cet énoncé fait suite et vient préciser celui-ci : « l'entreprise existe par des actions ».

Ci-après, trois références sont choisies parmi l'ensemble du champ de littérature cité. L'analyse synthétisée de ces références permet de montrer et de comprendre la méthode et le choix des quatre actions.

1) Ainsi, Norbert Alter, dans son ouvrage, *Sociologie du monde du travail*, cherche à définir le périmètre de l'objet social qu'est l'entreprise. Il consacre la première partie de son livre aux théories de l'organisation (taylorisme, bureaucratie, sociologie des professions et approche psychosociologique).

Le fait d' « organiser » est présenté ici comme une action essentielle à l'existence de l'entreprise liée à « la question du pouvoir dans les organisations, des enjeux identitaires au travail et de la légitimité des règles dans les univers professionnels. »[1]. Cette littérature sociologique donne accès à des énoncés synthétiques, c'est-à-dire à des énoncés empiriques articulés avec des méthodes de vérification expérimentale. Cependant, les thèmes évoqués constituent une base d'analyse théorique du monde du travail qu'est l'entreprise et peuvent être classés en types d'action : Le fait de décider réunit conceptuellement les thèmes du pouvoir et de la liberté ; Le fait d'organiser englobe le thème de la légitimité des règles ; Le fait de travailler recoupe en quelque sorte les thèmes de l'identité et de la coopération qui sont abordés dans la troisième partie de l'ouvrage d'Alter : « échanges et relations »[2]. Enfin la dernière partie de cet ouvrage, « Les perspectives actuelles : systèmes, processus et catégories »[3], évoque les dynamiques liées aux processus d'innovation, auxquels l'auteur a par ailleurs consacré un ouvrage à part entière. Le thème du processus évoque aussi le changement technologique qui impacte fortement le monde du travail. Ce thème est à notre avis transversal et concerne les quatre types d'actions : innover, travailler, organiser, décider.

2) Michel Crozier et Erhard Friedberg, décrivent également l'organisation entrepreneuriale par ses acteurs et par leurs actions. Dans *L'acteur et le système*, ils détaillent leur perception de l'entreprise via l'exposé des fonctions, des actions et des relations de ses acteurs qui sont comme des

---

1. N. Alter *et al.*, *Sociologie du monde du travail*, Paris, P.U.F., 2006, p. 3.
2. *Ibid.*, p. 247.
3. *Ibid.*

joueurs consentants, au sens où ils ont accepté et respectent les termes d'un contrat [1]. Leur vision de l'entreprise est celle d'un construit social qui participe de la définition pragmatique, dynamique et actionnelle de l'entreprise qui est donnée ici. Après avoir annoncé dans la première partie de leur ouvrage le thème de «L'organisation comme problème», Crozier et Friedberg se lancent dans une démonstration de la liberté du travailleur qui accepte et s'adapte à certaines règles, en déjoue certaines et établit une véritable stratégie pour améliorer sa vie quotidienne au travail [2]. Ce thème de la liberté ainsi que celui des «problèmes de la décision» [3] confortent le choix de la quatrième action participant à l'existence de l'entreprendre : «Décider». Par ailleurs, le terme «travailleur» entérine l'action du «travail» dans l'organisation. La troisième partie de l'ouvrage, «Le jeu comme instrument de l'action organisée», s'ajoutant à la première, «L'organisation comme problème», vient consolider le choix de l'action «organiser». Enfin, la cinquième partie, «réflexions sur le changement» conduit à une réflexion sur l' «innover» portée par les acteurs, dans l'entreprise. La lecture et l'analyse sémantique thématique de cet ouvrage valide ainsi le choix des quatre types d'actions.

3) La troisième et dernière référence retenue pour ce préambule afin de démontrer la pertinence du choix sémantique et conceptuel des quatre actions d'innover, de travailler,

---

1. M. Crozier et E. Friedberg, *L'acteur et le système : Les Contraintes de l'action collective*, Paris, Seuil, 1977.

2. M. Crozier et E. Friedberg, *L'acteur et le système : Les Contraintes de l'action collective*, *op. cit.*, chap. : «L'acteur et sa stratégie», p. 35.

3. *Ibid.*, chap. IV.

d'organiser, et de décider, est le *Handbook of Organizations* [1].
L'action-type de « décider » est évoquée dans le chapitre
« Decision making and problem solving », rédigé par Donald
W. Taylor. Les théories de l'« organisation » sont traitées
notamment dans la partie « field methods in the study of organizations », W. Richard Scott. Enfin, le chapitre XXVIII,
« Organization design and systems analysis », par Chadwick
J. Habertsroh (p. 1171-1211) traite à lui seul le thème de
l'« innovation », par le biais de : la flexibilité de l'organisation
(p. 1172), la phase de recherche (« Research phase ») (p. 1198),
de l'organisation (p. 1172) et le thème du « travail » par les
thèmes de l'information (p. 1175), des objectifs et des critères
de contrôle (p. 1179).

Par ailleurs et plus largement : Le thème de l'innovation est
plus amplement décrite par Schumpeter [2] et Alter [3] ; le thème
du travail, par différentes références de sociologies du travail ;
le thème de l'organisation, par les grands courants de théorie
des organisations ; et le thème de la décision, outre qu'elle est
citée dans les ouvrages de management et de stratégie de
l'entreprise, est nommée comme « action ontologique » de
l'entreprise par Dietz [4].

Sans ces quatre actions, l'entreprise ne peut exister [5]. La
nécessité de chacune relève d'une démonstration par un

1. J. G. March, *Handbook of Organizations*, Chicago, Rand McNally,
1965.

2. J. Schumpeter, *Théorie de l'évolution économique* (1935), Sirey,
Dalloz, 1999.

3. N. Alter, *L'innovation ordinaire*, Paris, P.U.F., 2010.

4. J. L. G. Dietz, *Enterprise Ontology : Theory and Methodology*, *op. cit.*

5. Le détail de la démonstration, action par action, se trouve dans la thèse
de doctorat de l'auteure Adélaïde de Lastic, *Qu'est-ce qu'une entreprise ?
La création de valeur d'un agent collectif. Une approche ontologique et
éthique*, thèse de doctorat sous la direction de Gloria Origgi, EHESS, 2014. Par

raisonnement contrefactuel qui tient à la relation de dépendance entre l'entreprise et les actions qui la font exister en tant que telle. La logique contrefactuelle montre que l'entreprise peut être si telle action est. Si telle action n'est pas, alors l'entreprise n'est pas.

Cependant la présentation de ces quatre actions contient une part d'arbitraire car d'autres actions qui semblent essentielles telles que « coopérer », « donner » ou encore « communiquer », pourraient être citées. Si l'essentialité de ces actions peut être remise en cause, il apparaît de surcroît qu'elles sont présentes dans les quatre types d'actions choisies. En fait, quand bien même d'autres actions pourraient paraître essentielles à l'existence de l'entreprise, le lecteur les trouvera présentes de façon transversale dans les quatre types d'actions énoncés. Les actions transverses sont impliquées par certains types d'actions cités voire, souvent, par les quatre. C'est pourquoi d'ailleurs, elles ne nous paraissent pas pouvoir constituer un type d'actions ; elles sont trop communes et ne disent rien de la quiddité de l'entreprise.

CONCLUSION SUR CE QU'EST L'ENTREPRISE

Nos trois questions initiales qui visaient à spécifier l'objet social « entreprise », nous ont conduit aux réponses suivantes :

– L'entreprise est un objet en réseau qui implique des parties prenantes. Les parties prenantes peuvent être engagées dans le réseau à différents niveaux et sont notamment : les investisseurs, les salariés, les consommateurs, les fournis-

---

ailleurs, la troisième partie de cette thèse cherche à faire le lien entre ces actions et les valeurs.

seurs, les prestataires de service, l'environnement naturel, les riverains, la commune.

– L'organisation de l'entreprise est tournée vers la production de biens et de services.

– L'existence de l'objet social « entreprise » implique deux niveaux d'action. Il y a un niveau d'action fondamental : celui d'entreprendre, et un niveau de sous-actions qui sont nécessaires à l'entreprendre : innover, travailler, organiser, décider. Ces actions sont définies par raisonnement contrefactuel appuyé sur la littérature descriptive de l'entreprise.

La dimension actionnelle de l'entreprise est celle qui nous intéresse le plus car elle dit le mieux l'essence de l'entreprise et elle est la pierre de touche des analyses qui suivent sur la dimension agentielle de l'entreprise.

Chapitre II

L'ENTREPRISE, UN GROUPE-AGENT

La première partie a cherché à proposer une ontologie de l'entreprise. Cette ontologie a conduit à montrer notamment que l'entreprise est un objet social, en réseau de parties prenantes, organisé pour produire, et qui a une nature actionnelle.

La seconde partie va être consacrée au développement de la dimension actionnelle de l'entreprise et plus précisément, de sa dimension agentielle. Nous avons établi que l'entreprise existe par des actions, nous voudrions à présent établir son statut d'agent. Comment fonder l'existence d'un groupe, ici l'entreprise, en tant qu'agent ?

Cette question implique des notions d'intentionnalité, d'action et de décision de groupe. Elle est également liée à une dimension essentielle de l'entreprise vue comme groupe-agent : la responsabilité du groupe.

Ces points reposent sur une première question fondamentale qui est la suivante : Le groupe a-t-il une identité singulière ou a-t-il l'identité de ses parties ?

IDENTITÉ DU GROUPE-AGENT

Une question primordiale, sous-tendue par les questions d'actions/décisions et d'éthique de l'entreprise est la suivante : Le groupe a-t-il une identité singulière ou a-t-il l'identité de ses parties ? Est-ce le groupe ou les parties individuelles du groupe qui agissent ?

En fonction de la réponse à cette question initiale, l'agentivité et par là, la responsabilité de l'entreprise, ne s'envisagent pas de la même façon.

Plusieurs positions existent :

1) L'individu/la partie, prime sur le tout.

La position qui consiste à poser que l'individu prime sur le tout, s'appuie sur un « individualisme méthodologique », c'est-à-dire sur un paradigme des sciences sociales selon lequel les phénomènes collectifs peuvent (et doivent) être décrits et expliqués à partir des propriétés et des actions des individus et de leurs interactions mutuelles (approche ascendante). Ainsi, Coleman désignant le groupe, parle de système « multi-agents ». Ce système multi-agents conduit à considérer que la décision/action collective traduit (de façon plus ou moins opaque) les décisions/actions des individus [1].

> Ainsi considéré, le groupe peut toujours être réduit à ses parties. French pose que :
> (…) les intentions de l'entreprise, elles, sont toujours réductibles à des intentions humaines [je traduis] [2].

Du point de vue de l'éthique et de la question de l'endossement de la responsabilité qui nous intéresse ici, cette position amène à penser que la responsabilité collective se réduit à la

---

1. J. Coleman, *Foundations of Social Theory*, Cambridge, Mass., Belknap Press of Harvard Univ. Press, 1990.
2. P. French, « Corporate Morale Agency, *The Corporation as a Moral Person* », presented at the Ethics and economics conference, University of Delaware, 1977, § 4.

responsabilité individuelle. Elle revient donc à considérer qu'il n'existe pas de responsabilité du groupe.

2) Il existe une identité singulière du groupe.

La seconde position est celle qui consiste à considérer qu'il existe une identité singulière du groupe, qui a une réalité distincte des individus qui composent le groupe. Cette position conduit à reconnaître une responsabilité du groupe-agent distincte des responsabilités individuelles.

La position défendue ici correspond davantage à ce second point de vue, qui donne une place singulière et autonome à l'existence du groupe. L'argumentation va donc poursuivre cette voie qui permettra plus tard de traiter de la responsabilité de l'entreprise en tant qu'entreprise.

Ces questions sont d'une grande importance dans les domaines sociaux, politiques et économiques, tant dans une visée positive que dans une visée normative. Les réponses à ces problématiques doivent permettre de penser les sciences sociales et économiques et d'avancer dans l'explication du comportement des firmes et des Etats, notamment. Ces questions renvoient également aux théories morales et juridiques relatives aux droits et aux responsabilités des groupes-agents (« corporate agents »), ainsi que les réclamations qui peuvent retomber sur leurs membres. L'enjeu de ce problème est donc au cœur des théories juridiques, philosophiques et des problèmes économiques et sociaux.

L'intentionnalité collective constitutive du fait social chez Searle

Une première façon de défendre l'existence singulière du groupe consiste à analyser ce qui fait que les objets sociaux acquièrent, du point de vue des agents, une réalité en tout point identique à celle des faits naturels. Ainsi, Searle, pose que les faits institutionnels ont une structure ontologique commune qui consiste en l'assignation de fonctions par une collectivité, à des objets ou à des individus. Les fonctions sont de nature sociale dans le sens où elles sont distinctes des éventuelles fonctions physiques des individus ou objets en question. Ainsi, « un billet de 20 dollars » est le résultat d'une assignation de fonction produisant un fait institutionnel : le billet acquiert une propriété sociale irréductible à ses propriétés physique [1].

Dans *La construction de la réalité sociale*, Searle distingue ainsi les « faits institutionnels » ou « faits sociaux », des « faits bruts ». Les faits institutionnels ont besoin d'intentions humaines pour exister. Ce sont par exemple l'argent, les matchs de foot, les jeux d'échecs. Pour Searle, les faits bruts existent grâce à leurs propriétés physiques, sans nécessité d'intentionnalité humaine.

À partir de cette distinction, Searle décline une description de la réalité sociale selon six caractéristiques :

1) La sui-référentialité des concepts qui désignent les faits sociaux. Cette caractéristique recouvre l'idée du consensus sur la définition à laquelle le concept fait référence. Le billet de banque par exemple, doit être considéré par le plus grand

---

1. J. Searle, *La construction de la réalité sociale* (1995), Paris, Gallimard, 1998.

nombre comme de l'argent, sinon il n'en est pas. La croyance
est constitutive du fait institutionnel :

> (...) pour les faits sociaux, l'attitude que nous adoptons à
> l'égard du phénomène est en partie constitutive de celui-ci [1].

(2) L'utilisation des énoncés performatifs dans la création
des faits institutionnels. Les déclarations comme : « vous êtes
mariés » instituent le mariage comme réalité sociale.

3) La priorité logique des faits bruts sur les faits institutionnels. Un fait institutionnel ne peut exister sans un support
physique, même si celui-ci peut prendre des formes diverses.

4) Les rapports systématiques entre les faits sociaux : Un
fait institutionnel existe dans un réseau de relations systé-
miques avec d'autres objets.

5) La primauté des actes sociaux sur les objets sociaux, des
processus sur les produits. Le fait social est défini d'abord et
toujours par les actes sociaux et secondairement seulement par
la réification.

6) La composante linguistique de nombreux faits institutionnels :

> (...) seuls les êtres qui disposent d'un langage ou d'un
> système de représentations qui s'en rapproche plus ou moins
> sont à même de créer la plupart (...) des faits institutionnels,
> parce que l'élément linguistique semble être partiellement
> constitutif du fait [2].

---

1. J. Searle, *La construction de la réalité sociale, op. cit.,* p. 52.
2. *Ibid.,* p. 56.

L'intentionnalité collective assigne un nouveau statut à un phénomène. Cette capacité d'assignation collective de fonctions-statuts à des faits bruts est formalisée par Searle comme « X compte comme Y dans le contexte C » : une feuille de papier (fait brut X) compte comme billet de banque (fait institutionnel Y) dans le contexte des échanges économiques (C). Autrement dit,

> L'application de la règle constitutive introduit donc les caractéristiques suivantes : le terme Y doit assigner un nouveau statut que l'objet n'a pas déjà du seul fait qu'il satisfait au terme X ; et il doit y avoir accord collectif, ou du moins acceptation collective, à la fois dans l'imposition de ce statut à la chose désignée par le terme X, et sur la fonction qui va de pair avec ce statut » [1].

Les enjeux du phénomène de l'assignation sont la convention et l'examen du lien entre la convention et l'intention. L'objectif est alors d'accroître la compréhension de ces enjeux et par là même d'accroître la compréhension de la nature de la réalité sociale par-delà ses différents modes d'être, ses différentes façons d'être perçue. C'est l'ontologie sociale qui endosse notamment le rôle d'un éclaircissement de la relation entre l'objet et les sujets qui « intentionnent ».

Le concept d'intentionnalité collective est donc le premier argument pour asseoir l'existence des faits sociaux et donc l'existence singulière des groupes.

---

1. J. Searle, *La construction de la réalité sociale, op. cit.*, p. 65.

La possibilité logique du groupe-agent chez List et Pettit

Une seconde façon de défendre l'existence singulière du groupe consiste à démonter la possibilité logique de son existence. Ainsi, List et Pettit constituent le groupe comme un agent singulier, au-delà de ses membres, et établissent la réalité du groupe-agent par un raisonnement logique qui supprime l'aura mystérieuse des entités collectives et invalide l' «éliminitavisme »[1][2].

Le sens commun et les sciences sociales présentent les types de groupes humains comme des unités actionnelles, capables d'agir comme des individus. Dans la vie ordinaire, nous parlons en effet de « ce que fait Greenpeace » ou « de ce que dit Amnesty International », nous parlons aussi de « ce que veut le corps médical » ou de « l'intérêt national ». Les corps désignés dans ces exemples renvoient bien à des groupes et non à des individus. Comment comprendre cette disjonction entre unité de l'action et collectivité de l'agent ? Comment analyser les actes, les intentions, de ce type d'agent ? Quel statut leur donner ?

Deux positions semblent envisageables pour interpréter l'agentivité du groupe :

1 – La comprendre littéralement, comme les actes d'un seul individu.

2 – La comprendre d'une façon figurative, comme une suggestion du fait que les groupes pourraient simuler une agentivité que de fait, ils ne peuvent réellement porter. De ce point

---

1. L'éliminitavisme consiste à nier d'une manière ou d'une autre l'existence d'agents collectifs.
2. C. List et P. Pettit, *Group Agency : The Possibility, Design, and Status of Corporate Agents*, Oxford, Oxford University Press, 2011.

de vue, les références aux attitudes, aux intentions ou à l'agentivité d'un groupe, servent souvent de raccourcis, mais n'ont pas de signification ontologique ; il s'agirait seulement d'une façon de parler.

Il s'agit donc de montrer qu'un groupe peut être considéré comme un agent à part entière. Pour cela, il faut repartir des conditions même de l'agentivité.

Les conditions essentielles de l'agentivité, que List et Pettit déterminent en s'appuyant sur le robot, tel qu'il est considéré comme un agent ayant les propriétés agentives de base, sont les suivantes :

– avoir des états représentationnels de l'environnement,

– avoir un état motivationnel qui spécifie les choses nécessitées par l'environnement,

– savoir s'appuyer sur ces deux états précédents (qui correspondent à un état « intentionnel ») pour intervenir convenablement sur l'environnement.

L'agentivité est limitée par les potentiels physiques du robot. Cependant, la portée de l'agentivité peut être améliorée, dans le cas d'êtres humains ou d'animaux (ou éventuellement d'un robot complexe) et dans ce cas, les actions deviennent moins prévisibles. En ce qui concerne l'être humain, il n'a pas une réponse binaire à ce qu'il perçoit du monde. Du coup, ses croyances et ses désirs sont nuancés : Il a des degrés de croyance, de satisfaction, de préférence. Les propositions et les attitudes des humains sont complexes et ils peuvent envisager des scénarios complexes, conditionnels, à contingences variables et qui se projettent dans le futur. Pour interpréter et anticiper les réactions d'un agent, il faut modéliser non pas une ou deux hypothèses, mais plusieurs. La définition précise de l'agent aide à limiter les hypothèses.

Il existe plusieurs sortes de groupes d'agents. Certaines changent d'identité dès qu'un de leur membre change (ex : collection d'individus dans une rame de métro). D'autres continuent d'exister malgré le changement des membres (ex : universités, États). On appelle ces dernières les « collections simples » ou « groupes simples ». Et c'est sur ce deuxième type de groupe qu'on se penche ici. Ce qui les caractérise, c'est quelque chose qui unifie le groupe : une propriété commune à tous les membres, ou un trait saillant de l'attitude du groupe ou des effets qu'il produit. Ce trait unificateur peut être préexistant, ou créé. Le groupe d'agents peut être très différent selon que l'intention portée par les membres converge (« joint intention ») ou non. Parfois, l'intention n'est pas commune aux membres : lorsque les membres ont évolué et n'ont plus la même intention, ou lorsqu'il y a fusion de deux organisations. Pour parler d'un groupe où l'intention est commune aux membres, il faut quatre conditions : un but partagé, des contributions individuelles attribuées dans le but d'accomplir l'objectif, une interdépendance (chacun formule ses intentions en partie parce qu'il croit que les autres aussi ont ces intentions), une conscience commune. L'intention commune permet l'action commune. Mais comment un groupe aux multiples membres peut-il aller d'une multiplicité de dispositions (ou « attitudes ») intentionnelles possiblement conflictuelles à une visée unique approuvée par le groupe dans son ensemble ? Pour répondre à cette question, List et Pettit introduisent le concept de « fonction agrégative » qui est un vecteur partant de dispositions individuelles pour faire émerger une visée de groupe.

Ainsi, la réalité du groupe-agent, fondée sur les conditions même de l'agentivité et la possibilité d'une visée unique du groupe est démontrée. Cette démonstration permet d'envisager l'interaction avec l'entité, la critique, l'accusation, etc. Par exemple, quand BP est responsable d'une marée noire dans le golfe de Mexico, c'est parce qu'on le considère comme un agent qu'on peut l'attaquer. Cette position n'empêche pas de reconnaître aussi les réclamations individuelles.

LA DÉCISION DE GROUPE

L'analyse du phénomène de la prise de décision qui génère l'action et qui par là-même pose la question de la responsabilité, est cruciale pour entrevoir l'articulation du double niveau du groupe et des individus-membres. Ainsi, différentes théories du choix social cherchent à définir comment émergent les préférences collectives d'un groupe à partir des préférences individuelles de chacun de ses individus. Il s'agit de différentes théories, sur le vote notamment. Il existe différentes manières de faire voter les membres d'un groupe. Les scrutins majoritaires simples (utilisé en Grande-Bretagne), à deux tours (utilisé en France) ou à plusieurs tours, consistent à faire voter l'individu pour son candidat préféré. On voit dès lors que le mode de vote est lui-même décisif. Par exemple, pour l'élection présidentielle française de 1995, au premier tour, les deux candidats qui ont obtenu le plus de voix sont Jacques Chirac avec 20,8 %, et Lionel Jospin qui obtient 23,3 %. Au second tour, Jacques Chirac obtient la majorité des voix (52,64%) et il est élu. S'il y avait eu un scrutin majoritaire simple, Lionel Jospin aurait été élu. D'autres manières de voter pourront donner encore des résultats différents : ainsi, les méthodes de vote « par scorage » (chaque individu donne des points aux candidats. Le candidat ayant reçu le plus de points est élu) ou encore la méthode de Coombs (chaque individu indique son ordre de préférence pour n candidats. A chaque tour, on élimine le plus mauvais candidat, à moins d'avoir une majorité stricte pour un candidat).

En somme, selon la manière dont on fait voter les individus, les résultats ne sont pas les mêmes. Par rapport à la problématique d'articulation individuelle / collective dans le groupe, cette donnée est très importante, notamment car elle montre la complexité de cette dynamique individuelle / collective, et aussi car elle permet d'entrevoir la nécessité de considérer l'individu et le groupe comme deux entités irréductibles, quand bien même on peut concevoir des relations d'influence entre individus et groupes. Ces théories de la prise de décision collective permettent autant d'affiner l'analyse que de mettre en lumière la complexité, voire l'opacité, de la dynamique individuelle / collective dans l'entreprise. Cela éclaire la question de la responsabilité collective telle que nous la pensons à la fois distincte et en articulation avec la responsabilité individuelle.

Les deux positions de départ sur l'identité du groupe se retrouvent : de même qu'on peut se demander si l'existence du groupe est autonome par rapport à ses individus-membres, ou si elle est réductible à ses individus membres, on peut se demander si la décision collective existe à part entière ou si elle est réductible à des décisions individuelles.

Les deux positions existent et, là encore, nous prenons position en faveur d'une vision de la décision collective à la fois autonome et en articulation avec la décision des individus.

La première position consiste donc à réduire le choix du groupe à une traduction des préférences individuelles. C'est ainsi que l'analyse Peter French.

> (...) la structure de la décision interne collective (CID structure) d'une corporation est le dispositif requis qui permet l'interprétation de l'intentionnalité collective.
>
> Ainsi, il est évident qu'une corporation fait des choses qui impliquent des êtres humains et que ces êtres humains occupent différentes places dans l'entreprise qui ont des incidences sur leur comportement. En vertu de cette description, ils ont une responsabilité propre sur leurs comportements. Ce que nous avons besoin de montrer est qu'il est logique de dire que *les entreprises, et pas seulement les personnes qui y travaillent, ont des raisons de faire ce qu'elles font.* Les directeurs et les managers ont le pouvoir des raisons et des désirs, et même si les actions collectives ne peuvent l'être absolument, *les intentions de l'entreprise, elles, sont toujours réductibles à des intentions humaines* [je traduis] [1].

D'après Peter French, une analyse détaillée de l'intention permet toujours de remonter à un endossement par une/des personne(s) physique(s) de la responsabilité de l'intention. Ainsi, la décision collective, telle qu'elle repose sur des décisions individuelles qui elles-mêmes résultent des intentions des individus, pourrait-elle être, selon French, réduite à des décisions individuelles ? Le lien entre les différents niveaux, individuel et collectif, et les aspects d'intentionnalité, de décision, et d'action, paraît ici un peu mystérieux. En effet, l'auteur affirme une réductibilité de l'intention au niveau individuel, mais il positionne dans le

---

1. P. French, « Corporate Morale Agency », art. cit., § 4.

même temps l'entreprise comme ayant « ses raisons d'agir », en son nom et en son statut de groupe. L'action de l'entreprise ne se réduirait donc pas, pour French, à l'action individuelle.

Cet aspect mystérieux est renforcé par le développement de Coleman, qui considère l'argument suivant : dans une structure collective, il y a, la plupart du temps, un dirigeant. Ce dirigeant est souvent élu (conseil d'administration, maire) ou alors il est recruté sur ses compétences. Dans les deux cas, il est censé représenter les choix et les décisions individuelles.

> Chacun effectue un transfert de certains des droits à un acteur collectif [je traduis] [1].

Ici, Coleman montre bien que, de son point de vue, les décisions individuelles sont traduites et réductibles à la décision du groupe, elle-même portée par une personne physique. Dans une entreprise, il y a une instance dirigeante, une personne à qui les autres parties prenantes (actionnaires, sociétaires ou autres) transfèrent une partie de leur pouvoir de décision stratégique. Ces transferts sont effectués dans l'idée que les droits seront ensuite exercés d'une manière qui rend les individus mieux lotis que s'ils avaient détenu ces droits individuellement. Derrière la décision collective unifiée, portée par une personne, il y a une sorte de puzzle intellectuel qui met en branle différentes sortes de mécanismes dont le but est de traduire les préférences individuelles en choix sociaux. Ainsi, le vote [2], les petits groupes d'opinion [3], les étapes du choix [4], sont autant d'éléments pour affiner l'analyse du choix social et

---

1. J. Coleman, *Foundations of Social Theory, op. cit.,* p. 371.

2. *Ibid.,* p. 397-398.

3. *Ibid.,* p. 381.

4. *Ibid.,* p. 406.

par là même, l'analyse de l'action collective et de la responsabilité collective. Mais la façon dont est décomptée l'expression
des préférences individuelles, les votes par exemple, impacte
le résultat du vote. Ce qui se passe au niveau individuel ne se
traduit pas forcément de façon transparente et claire au niveau
collectif. Dans un système « multi-agents », il y a une articulation complexe, parfois opaque, de la responsabilité individuelle et de la responsabilité collective – qui diminuerait à
mesure que l'assemblée grandirait.

C'est ici que la position de Coleman revêt également un
caractère mystérieux. En effet il reconnaît que la traduction du
niveau individuel par le niveau collectif n'est pas très transparente, qu'elle est un peu opaque, et qu'il y a une marge
d'incertitude dans cette traduction. En d'autres termes, on peut
dire que Coleman démontre une certaine indépendance du
résultat du vote par rapport aux votes, alors même qu'il
soutient un individualisme méthodologique.

C'est là que la position de List et Pettit s'avère particulièrement intéressante. Les auteurs dénoncent cette ambiguïté,
ce mystère, qui peut planer autour de l'articulation responsabilité individuelle / collective.

> Notre approche vise à expliquer la possibilité de l'agentivité
> du groupe d'une façon non-mystérieuse [1].

Cependant, cette remarque ne vise pas, ici, l'approche de
Coleman :

> Nous rejetons les approches émergentistes fortement méta-
> physiques des XIXe et début du XXe siècles [1] qui ont tendance à

---

1. C. List et P. Pettit, *Group Agency : The Possibility, Design, and Status of
Corporate Agents*, *op. cit.*

élever le groupe au-dessus des individus, en les considérant comme des réalités transcendantes qui irradient les individus[2].

La critique des auteurs vise plus particulièrement les théories qui font du groupe un être transcendant, ce qui n'est pas le cas de Coleman. D'ailleurs, on entrevoit que si les approches de Coleman et de List & Pettit sont très différentes, elles ne sont pas incompatibles : la théorie du choix social de Coleman, telle qu'elle montre que le résultat des votes individuels présente une certaine autonomie avec le résultat final collectif, pourrait être un argument en faveur de l'existence indépendante du groupe-agent.

Il semble que cette critique du « mystère », plus généralement, souligne un écueil possible des théories sur l'agentivité du groupe, qui est celui de l'ambiguïté. Un de leurs objectifs est justement de lever ce mystère en analysant logiquement la possibilité de l'existence du groupe.

Ainsi, le groupe peut être modélisé à partir de fonctions : agrégatives, fonctionnelles / non-fonctionnelles (lorsque les votes déterminent – ou pas – le comportement du groupe), causales, raisonnantes / non-raisonnantes (le fait que les membres soient non seulement rationnels, mais aussi qu'ils raisonnent à propos des propositions du groupe). Ces fonctions dessinent la relation entre le niveau du membre et celui du groupe.

---

1. Les émergentistes adhèrent à la formule « le tout est plus que la somme des parties ». Cette tradition anglo-saxonne peut être rapprochée du holisme de Durkheim qui propose l'idée du groupe prioritaire par rapport à l'individu.

2. C. List et P. Pettit, *Group Agency : The Possibility, Design, and Status of Corporate Agents*, *op. cit.*

Par ailleurs, on peut également analyser les différentes phases de la constitution de l'organisation du groupe selon les objectifs du groupe. Au départ il y a des bases épistémiques communes, avec des éléments qui apparaissent comme « vrais » pour tous les membres. C'est seulement à partir de cette base, que des objectifs désirés par tous peuvent être formulés. Enfin, ces préférences/désirs partagés par tous les membres permettent de constituer la structure de l'organisation du groupe [1].

Ensuite, on peut chercher à analyser les desiderata du groupe selon qu'ils émergent par incitation et / ou par contrôle. Au sein du groupe, l'agent peut avoir deux rôles. Le premier est celui d' « approbateur », qui consiste à accepter les dires et les actes du groupe. Le second est celui d' « acteur » qui consiste à agir en faveur des fins souhaitées par le groupe. L'un ou l'autre de ces deux rôles est nécessaire et suffisant pour être membre d'un groupe. Il faut ajouter qu'on peut sans doute établir que, dans un groupe, il n'est pas rare qu'il y ait également des réfractaires et des opposants.

Dans le groupe, deux niveaux s'articulent : le niveau individuel et le niveau « corporate ». Ces niveaux sont à la fois distincts et en dynamique. La dynamique s'établit de façon réciproque : du micro vers le macro et du macro vers le micro. Les propriétés de ce mouvement dynamique se dessinent aussi selon le type de relation qui existe entre le groupe et les individus.

---

1. C. List et P. Pettit, *Group Agency : The Possibility, Design, and Status of Corporate Agents, op. cit.,* 2e part.

LA RESPONSABILITÉ DU GROUPE

La responsabilité s'applique à tous types d'agents, mais la responsabilité d'un groupe-agent peut-elle équivaloir à celle d'un agent individuel ?

Dans le cas de groupe-agent, comme l'entreprise, elle pose des questions complexes d'intentionnalité et d'imputabilité qui articulent les niveaux individuels et collectifs dans l'entreprise.

Quel statut normatif accorder au groupe, du point de vue de sa responsabilité, de sa personnalité et de son rôle dans les processus d'identification ?

Fonder la responsabilité d'un groupe-agent

Comment fonder la responsabilité du groupe et par là même, de l'entreprise ?

Pour répondre à cette question, nous proposons un développement en deux étapes :

– Premièrement, montrer que le groupe est un agent responsable.

– Deuxièmement, montrer que le groupe est une sorte de personne ; une personne morale (et non une personne physique), mais une personne quand-même, qui peut donc endosser une responsabilité.

Le premier argument part de la définition des prérequis de la responsabilité chez un agent pour montrer que le groupe les présente bien. Ainsi, à l'instar de List et Pettit, nous proposons de définir ce qui fait qu'un agent est responsable du point de vue le plus strict [1] :

1) La capacité normative qui signifie que l'agent peut affronter des choix normatifs significatifs impliquant la possibilité de faire quelque chose de bien ou de mal, de vrai ou de faux.

2) La capacité de jugement qui implique que l'agent a la compréhension requise pour faire des jugements sur des options.

3) Le contrôle, requis pour choisir entre les options.

Un groupe d'agents doit donc nécessairement remplir ces trois conditions. Pour ce qui est de la capacité normative (1) et de la capacité de jugement (2), comme il a été montré qu'un groupe est capable de s'organiser pour agir en fonction des désirs collectifs poursuivis et est capable de choisir entre plusieurs propositions notamment au moyen du vote, il ne peut y avoir de doute sur le fait que le groupe d'agents est aussi capable de faire un choix entre des options. La question du contrôle (3) est plus compliquée pour l'agent collectif car elle implique de prendre en compte les différents niveaux de causalité et les différents niveaux d'imputation de la responsabilité. En effet, le niveau de responsabilité d'un membre par rapport au groupe n'est pas le même selon qu'il agit au nom du groupe, ou pour participer à l'atteinte des objectifs du groupe – et selon la mesure dans laquelle il participe. Sur ce point, il faut donc distinguer deux niveaux : il y a la responsabilité du groupe qui doit contrôler son organisation et attribuer à chaque membre

---

1. List et Pettit déterminent en effet les caractéristiques de l'agentivité en définissant les conditions de l'agentivité des robots.

une tâche qui fait sens dans la visée des objectifs de l'organisation, et il y a la responsabilité de chaque membre de faire ce
qu'il a à faire.

> Il s'avère maintenant qu'un groupe-agent est aussi respon-
> sable de ce qu'il fait qu'un être humain. Les membres d'un tel
> agent se combinent pour former un agent unique : faisant face
> à des choix normatifs signifiants, capable d'émettre des
> jugements sur ce qui est bon ou mauvais, vrai ou faux, et
> capable d'assumer l'option choisie. Les individus qui
> donnent corps à ce type d'agent doivent répondre, bien sûr, de
> ce qu'ils font en rendant l'agentivité du groupe possible. Mais
> l'entité ainsi maintenue doit répondre de ce qu'elle fait au
> niveau du groupe [1].

Le groupe peut donc endosser une responsabilité car il est
capable d'agir en son nom propre.

Le second argument est un argument de personnification
du groupe, également mis en évidence par List et Pettit [2].

Une théorie existe (depuis 1246 avec Innocent IV) qui
stipule qu'une corporation, un groupe, peut être considérée
comme responsable au titre d'une personne ; une personne
fictive ou artificielle certes, mais néanmoins une personne,
capable d'endosser une responsabilité, et ayant des droits.
D'après nous, c'est ce qui est reconnu dans le cadre juridique
par l'appellation « personne morale ». Cette théorie intéresse
les auteurs car elle est tout à fait en adéquation avec la défense
de l'argument précédent, à savoir, la responsabilité du groupe
en tant que groupe. Cependant, c'est une chose de poser

---

1. C. List et P. Pettit, *Group Agency : The Possibility, Design, and Status of
Corporate Agents*, *op. cit.*, p. 163.
    2. *Ibid.*

l'existence juridique de la personne morale, d'un point de vue performatif ; c'en est une autre d'affirmer cette personnification comme intrinsèque, puisqu'on est en droit de considérer que la personne doit avoir une consistance biologique. Cela étant dit, nous avons reconnu précédemment que le groupe-agent peut avoir des jugements et des actes moraux, qu'il peut contracter des engagements avec d'autres agents et qu'il peut être source et cible de demandes. De plus, un groupe-agent est en capacité de s'autoréguler. Or, si un groupe d'agents peut faire tout cela, alors il doit être reconnu comme une personne car il a les prérequis basiques de la personnalité. Cette thèse pose la question du respect dû à la personne. Les auteurs précisent que la personne physique a plus de droits et mérite un respect plus élevé, d'une autre nature, lié aux droits naturels notamment, que la personne morale. Ainsi, les auteurs précisent bien que le groupe de personnes n'a pas la même importance, ni les mêmes droits. Par ailleurs, le groupe doit être contrôlé davantage que les personnes physiques. En effet, il a un pouvoir plus important que l'individu, notamment un pouvoir d'interférence dans les choix des individus (coercition, influence, contrainte).

Au-delà du simple fait de reconnaître la responsabilité du groupe, cette conclusion conduit donc à insister sur l'importance de responsabiliser le groupe. Par ailleurs, il faut également apporter une précision sur la question dépendant de celle des devoirs et des responsabilités : celle qui concerne les droits des groupes-agents. Cette précision portera sur l'inégalité en droits des groupes-agents et des agents physiques ou « naturels », et sera développée dans la partie « Commentaire » de l'ouvrage.

Articulation de la responsabilité collective
et de la responsabilité individuelle

Dans le cas des actes de l'entreprise, qui répond? Comment envisager la question de la responsabilité collective? De quelle manière l'entreprise est-elle responsable? Deux types de responsabilité sont à l'œuvre dans la vie de l'entreprise: la responsabilité individuelle et la responsabilité collective. Il s'agit de savoir ce que ces deux types de responsabilité impliquent d'une part, et comment ils interagissent d'autre part.

Juridiquement, l'entreprise peut être considérée comme responsable au titre d'une "personne morale". Elle peut être responsable pénalement, c'est-à-dire être sanctionnée, au titre du groupe qu'elle représente. Dans le cas où on ne peut réduire le comportement de groupe à un comportement individuel[1], la réparation de l'acte fautif est demandée à l'entreprise sous la forme de dédommagement, d'amende.

Hannah Arendt propose une analyse de la responsabilité collective politique:

> Deux conditions doivent être présentes pour qu'il y ait responsabilité collective: je dois être tenu pour responsable pour quelque chose que je n'ai pas fait et la raison expliquant ma responsabilité doit être ma participation à un groupe (...)[2].

---

1. B. Boidin, N. Postel et S. Rousseau, *La responsabilité sociale des entreprises: une perspective institutionnaliste,* Lille, Presses Universitaires Septentrion, 2009, p. 88.

2. H. Arendt, *Responsabilité et Jugement* (1960), Paris, Payot, 2005, p. 201.

Elle élabore avec Karl Jasper une réflexion sur la responsabilité du peuple allemand. Dans cette analyse, la responsabilité collective implique qu'un individu est responsable des actes de la communauté à laquelle il appartient, mais cette responsabilité ne peut entraîner de culpabilité puisqu'il n'a pas commis le crime en tant que tel. Cette responsabilité collective ne serait donc pas d'ordre éthique mais simplement politique. On peut considérer cette responsabilité comme minimale sur le plan éthique mais jamais inexistante, et elle interroge l'être humain sur ses groupes d'appartenance. Ce type d'approche est nommée collectiviste. Il permet de penser la liberté d'agir du groupe, et donc sa responsabilité. Une représentante de ce type d'approche dite collectiviste, Margaret Gilbert, soutient que les groupes peuvent agir librement, au sens où ils peuvent agir sans être contraints. Ainsi, le groupe en tant que tel, peut être moralement responsable, d'une façon semblable à celle des individus. Cette théorie est basée sur sa théorie du "sujet pluriel" qui se forme dans un "co-engagement"[1]. Le sujet pluriel est un sujet collectif. Il est le groupe, considéré comme un tout, agissant librement et de façon responsable. Ce groupe est formé par le co-engagement des parties. Au sein du groupe, la responsabilité individuelle est plus difficilement discernable, par exemple dans le cas d'une personne dont l'appartenance au groupe n'est pas concomitante avec la faute[2].

---

1. M. Gilbert, « La responsabilité collective et ses implications », *Revue Française de Science Politique,* 58, n° 6, 2008, p. 900, 10.3917/rfsp.586.0899.

2. Margaret Gilbert, « La responsabilité collective et ses implications », art. cit., p. 912.

Cependant, l'entreprise est dirigée par des individus. Dans certains cas, elle est dirigée par une seule personne qui est alors la personne physique représentante de la personne morale qu'est l'entreprise. Dans les autres cas, les décisions sont prises par plusieurs individus, à des niveaux hiérarchiques différents, mais souvent traçables par une analyse de la structure organisationnelle de l'entité. Il y a d'ailleurs régulièrement des cas médiatisés de personnes haut placées dans la hiérarchie de l'organisation, destituées de leurs fonctions pour faute professionnelle. Ces cas montrent qu'au-delà de la réparation que l'entreprise doit effectuer, certains qui sont estimés plus responsables que d'autres, pourront payer à titre individuel. Ces cas montrent que la réparation du préjudice ne peut parfois advenir qu'en pointant la ou les responsabilités individuelles qui émerge(nt) de la responsabilité collective. C'est l'approche que proposent Seumas Miller et Pekka Makela [1]. En critiquant l'approche collectiviste de la responsabilité, ils préconisent une vision individualiste de la responsabilité collective. En effet, ils soutiennent que les positions "collectivistes" défendues par des auteurs comme Gilbert ont des conséquences tragiques dans le cas de situations conflictuelles comme le terrorisme ou la guerre :

> À moins d'assumer que les agents collectifs constituent des entités purement épiphénoménales qui peuvent être punies ou récompensées sans aucun effet causal sur leurs membres au niveau individuel – une position rejetée par French – le chemin est tout tracé pour faire du mal à des individus pour des torts dont ils ne sont pas responsables, pour autant que ces

---

1. S. Miller et P. Makela, « The Collectivist Approach to Collective Moral Responsability », *Metaphilosophy,* 36, n° 5, 2005.

individus soient membres d'entités collectives responsables de ces torts [1].

De ce point de vue, il ne peut y avoir de responsabilité collective qu'en tant que celle-ci est attribuée à des individus. Chaque membre du groupe serait moralement responsable du résultat de l'action commune d'une façon individuelle et/ou conjointe. Pour Miller, la seule forme de responsabilité collective qui appelle une responsabilité morale est celle de la "responsabilité conjointe" ("*joint responsibility*") qu'il développe plus longuement dans un ouvrage collectif qui traite du « Terrorisme et de la justice » [2] :

> Selon ce point de vue, seuls les individus qui accomplissent une action conjointe sont collectivement, ou conjointement, responsables des buts atteints par cette action [3].

Par "action conjointe", il faut entendre ici :

> Deux ou plusieurs individus accomplissent une action conjointe si chacun accomplit intentionnellement une action individuelle, mais le fait en croyant qu'il réalisera conjointement un objectif partagé par chaque participant (...) Par exemple les terroristes qui ont détourné le vol American Airlines no 11 et l'ont écrasé dans la tour nord du World Trade Center à New York ont accompli une action conjointe (...) Chaque terroriste a, par son ou ses actions, contribué à

1. S. Miller, « Osama Bin Laden, Terrorism and Collective Responsibility », *Terrorism and Justice : Moral Argument in a Threatened World*, 2002, p. 51.
2. M. P. O'Keefe et C. A. J Coady, *Terrorism and Justice : Moral Argument in a Threatened World*, Melbourne, Melbourne Univ. Publishing, 2002.
3. S. Miller, « Osama Bin Laden, Terrorism and Collective Responsibility », art. cit., p. 52.

l'action qui visait au but collectif d'écraser l'avion dans le bâtiment, à tuer les passagers, les personnes qui travaillaient dans les tours et eux-mêmes [1].

Miller conçoit que la participation à des actions conjointes puisse conduire à une forme de responsabilité. Cependant il s'agit d'une responsabilité partielle. Un exemple de cette responsabilité « diminuée » est le cas d'employés du gouvernement, tels que des administrateurs ou des policiers, se retenant intentionnellement d'assister les personnes dans le besoin parce que leur gouvernement leur a demandé de ne pas le faire [2].

Cette théorie de la responsabilité collective ne nie pas l'existence d'individus qui la portent. Il serait d'ailleurs contestable de dire qu'Arendt ou Gilbert nient l'existence de responsabilités individuelles au sein des organisations. Au contraire, Arendt par exemple précise qu'au sein de chaque organisation, les individus ont une responsabilité qui, pour bien fonctionner, doit être liée à une volonté qui ne soit pas annihilée par un système. Or, dans le modèle de la responsabilité sociale de l'entreprise, la responsabilité existe au niveau collectif de la personne morale qu'est l'entreprise, mais aussi au niveau individuel. Ici, la notion de prise en charge individuelle de la responsabilité que nous avons fait apparaître plus haut, apporte un élément essentiel à la définition de la responsabilité dans les entreprises. Dans une perspective de RSE, la responsabilité appartient aussi à chacun des salariés qui, à la mesure de sa marge d'action, va adapter son comportement. La responsabilité collective assignée à l'entreprise est

1. *Ibid.*, p. 52-53.
2. S. Miller, « Osama Bin Laden, Terrorism and Collective Responsibility », art. cit., p. 56.

reprise au niveau individuel. Les responsabilités individuelles dans le groupe dépendent des éléments suivants : le nombre de personnes dans l'organisation, leur mode d'engagement, leur niveau d'engagement. Les dirigeants de l'entreprise ne peuvent endosser la responsabilité de la conduite éthique des autres individus responsables, sous peine d'empiéter sur leur liberté individuelle. Cependant, d'un point de vue juridique, l'attribution de la responsabilité dépend de la hiérarchie. Une responsabilité maximale donc, pour les dirigeants.

Comment la responsabilité individuelle et la responsabilité collective s'articulent-elles au sein du groupe ? Pour ce qui est de la responsabilité individuelle, elle se subdiviserait en trois types de responsabilité par rapport au comportement du groupe. Les individus pourraient être tenus responsables des actes d'un groupe en tant que : concepteur de l'organisation de la structure du groupe, en tant que membre du groupe ou en tant qu'acteur ayant participé à la réalisation des actes du groupe [1].

Même si tous les acteurs participant aux actions du groupe sont identifiés et considérés comme responsables, il est important de considérer également le groupe-agent comme responsable. En premier lieu car s'il forme un groupe, alors il remplit les trois conditions nécessaires et suffisantes qui ont été énoncées pour être considéré comme responsable. Pour se voir imputer un acte, il faut en effet jouir de capacités volitives et cognitives : or il a été démontré que c'est le cas des groupes, dont les entreprises, qui ont une volonté en tant que groupe qui s'exprime par des actes de groupe. En second lieu parce qu'il y a des situations où le motif pour lequel le groupe-agent est tenu

---

1. C. List et P. Pettit, *Group Agency : The Possibility, Design, and Status of Corporate Agents*, *op. cit.*, 3ᵉ part.

responsable, ne peut pas être un motif pour lequel des acteurs individuels pourraient être tenus responsables. Pour préciser cette idée, considérons un individu qui – dans le cadre de l'appartenance à un groupe ou pas – joint ses actes à ceux d'autres individus ayant pour conséquence un effet commun. Par exemple, si un individu est dans une course de voitures illégale et qu'il y a un accident, il n'endosse pas l'entièreté de la responsabilité, ni n'est le seul coupable de l'accident qui est un effet collectif. Il y a une responsabilité corporative. Ainsi, il semble nécessaire, dans les cas notamment de nations, de communautés ou encore d'institutions, de distinguer :

– responsabilité collective et « responsabilité des individus dans la collection » ;

– responsabilité collective de l'entité et responsabilité conjointe.

Ces distinctions sont importantes pour éviter les confusions dans l'attribution de la responsabilité.

Responsabilité Sociétale de l'Entreprise ou de l'Organisation (RSE/RSO)

La responsabilité qu'on impute à l'entreprise en tant que groupe-agent prend, depuis les années 2000, de plus en plus d'importance. Elle est appelée « Responsabilité Sociétale de l'Entreprise », RSE, ou plus exactement Responsabilité Sociétale des Organisations (RSO), et elle est définie notamment dans des textes fondateurs tels que la norme ISO 26000. La RSO désigne la responsabilité de l'entreprise envers la société et les générations futures, par rapport à la soutenabilité des pratiques économiques, sociales, environnementales et de gouvernance.

> Dans le monde entier, les organisations et leurs parties
> prenantes sont de plus en plus conscientes de la nécessité
> d'adopter un comportement responsable, et des bénéfices qui
> y sont associés. L'objectif de la responsabilité sociétale est de
> contribuer au développement durable.
>
> (…) Ceci reflète, en partie, la reconnaissance croissante de la
> nécessité de garantir l'équilibre des écosystèmes, l'équité
> sociale et la bonne gouvernance des organisations. Au final,
> toutes les activités des organisations dépendent à un moment
> ou un autre de l'état des écosystèmes de la planète. Les
> organisations sont soumises au regard de leurs diverses
> parties prenantes [1].

Comme le montre cet extrait de la norme ISO 26000 les
entreprises constituent une partie prenante très influente de la
soutenabilité des modèles de développement humain. C'est
d'ailleurs un de nos arguments pour justifier la considération
de l'entreprise comme acteur éthique, au sens où, d'une part
l'entreprise peut accomplir ou non des actes qui contribuent au
développement de l'humanité et d'autre part, elle est un acteur
de poids de cette prise en compte étant donnée l'échelle de son
action. En effet, entre l'échelle individuelle et l'échelle des
Nations ; entre la portée immédiate mais unique et la portée
nationale mais bureaucratique – l'échelle de l'entreprise, à la
fois collective, dynamique et ayant un impact direct sur les
modèles socio-économique, nous parait véritablement prioritaire. Les entreprises sont les agents de la transformation
responsable des modèles socio-économiques en ce qu'elles
participent à la cohésion sociale (notamment parce que le
travail est facteur de lien social), en ce qu'elles proposent des
projets qui suscitent la motivation des individus (au minimum

---

1. ISO, *Norme ISO 26000*, 2010.

une motivation pour la compensation salariale) et donc les font agir dans un même sens, en ce qu'elles ont un pouvoir de contraintes sur les individus (le contrat peut imposer le respect de certaines règles, dont des règles RSE), en ce que chaque action de l'organisation a un impact plus ou moins important sur le monde. Pour toutes ces raisons, la responsabilité des entreprises et des organisations de travail apparait aujourd'hui incontournable.

La norme ISO 26000 retient sept principes que nous appelons « axiologiques » de la responsabilité sociétale : la redevabilité, la transparence, le comportement éthique (valeurs d'honnêteté, d'équité, d'intégrité), la prise en considération des parties prenantes (qui est affecté/intéressé par les décisions ou activités de la société ?), le respect de la loi, des normes internationales de comportement et des droits de l'homme. La responsabilité de l'entreprise s'organise par ailleurs autour de sept questions centrales : la gouvernance, le respect et la promotion des droits de l'homme dans les activités directes et indirectes de la structure, les conditions de travail, l'environnement, les bonnes pratiques des affaires, les questions relatives aux consommateurs, l'engagement sociétal.

La responsabilité de l'entreprise se traduit de façon opérationnelle par un plan d'actions qui vise la création de valeur partagée en prenant en compte les différentes parties prenantes. La prise en compte des parties prenantes est à la base d'une démarche opérationnelle de responsabilité sociétale. Elle implique la prise en compte des investisseurs, des salariés, des clients, des fournisseurs mais aussi de l'environnement humain, naturel, animal. Une démarche de RSO implique donc de repenser la chaîne de valeurs en fonction de son impact sur les différentes parties prenantes et réciproquement, de penser l'influence des parties prenantes sur la création de richesse par l'entreprise. Il existe un concept de plus en plus repris à l'échelle mondiale, c'est celui de « création de valeur partagée », initialement créé par Michael Porter et Mark Kramer. Cette notion consiste pour les entreprises « à créer de la valeur économique d'une manière qui profite aussi à la société, en répondant à ses besoins et à ses défis » [1]. L'idée est bien de créer de la richesse qui soit répartie sur l'ensemble de la chaîne de valeur. Les actions RSE, en impactant toutes les étapes de la chaîne de valeurs, toutes les parties prenantes, portent une démarche de création de richesse partagée et tendent vers une performance globale.

La création de valeur, à l'heure où les enjeux sociaux et environnementaux ont évolué de manière critique, semble en effet se jouer sur un plan global. Il s'agit d'une création de valeur partagée entre la sphère économique et la sphère sociétale. Si la nature même de la science économique englobe les aspects éthiques du choix et de l'échange juste [2], l'évolution de la valorisation telle qu'elle semble se jouer ou devoir se jouer aujourd'hui, entraîne une évolution des modèles, et en particulier du modèle économique, qui tend à rendre définitivement non pertinentes certaines conclusions traditionnellement admises sur l'opposition matériel et immatériel, marchand et non-marchand, éthique et économie.

> Cela amènera également à remodeler le capitalisme et sa relation avec la société. Le plus important de tout est peut-être

---

1. M. Porter et M. Kramer, « The Big Idea : Creating Shared Value », *Harvard Business Review*, 2011, http://hbr.org/2011/01/the-big-idea-creating-shared-value/ar/pr.

2. Aristote, *Éthique à Nicomaque*, Paris, Flammarion, 1998.

que le fait d'apprendre à créer de la valeur partagée est notre meilleure chance pour recommencer à légitimer des affaires.
Le moment d'une vision élargie de la création de valeur est venu. Une multitude de facteurs, tels que la prise de conscience sociale croissante des salariés et des citoyens et la raréfaction des ressources naturelles, entraînera des possibilités sans précédent de création de valeur partagée [1].

Etant donné le contexte actuel de crise des modèles socio-économiques, les valeurs qui seront valorisées seront celles qui sembleront contribuer au développement humain et à la préservation de son environnement vital. La finalité économique n'est pas l'économie elle-même mais le développement humain. La conception élargie du modèle épistémologique de l'économie conduit à voir en quoi, ontologiquement, le modèle économique doit évoluer en prenant en compte les enjeux éthiques.

Une démarche RSE doit bien comprendre les opportunités qu'offre la prise en compte des besoins sociétaux. Un des écueils de la RSE a consisté et consiste encore parfois à déconnecter « les trois piliers de la RSE » à savoir le social, l'environnemental, l'économique. Or, il ne peut y avoir de démarche responsable que si tous ces aspects sont présents à la fois dans une action. Une décision entrepreneuriale doit chercher à préserver l'environnement, à avoir un impact social positif (ou au moins, qui ne soit pas négatif) et à être rentable. La RSE, ne peut être un moyen de soigner l'image, de manière détachée des objectifs économiques. Elle doit être intégrée à la stratégie pour être facteur de performance. Sur ce point, il faudrait revoir la question du contrôle, de l'audit externe, qui

1. M. Porter et M. Kramer, « The Big Idea : Creating Shared Value », art. cit.

est actuellement, le plus souvent, séparée dans les trois
domaines principaux : économique, environnemental et
social/sociétal [1]. Dans ce contexte, le concept de création de
valeur partagée parachève celui de RSE. Les besoins sociétaux
réels doivent être perçus comme des potentialités qui
permettent de conjuguer les objectifs économiques de l'entreprise et la performance sociale et environnementale. Par
exemple, une entreprise qui met en place une politique sociale
pour augmenter le bien-être en entreprise va réduire son turn-
over et ainsi réduire les coûts qui lui sont liés. Une entreprise
qui met en place une offre éco-conçue, réduit sa consommation
d'énergie, sa consommation de matière, augmente sa qualité et
ainsi, améliore le rapport qualité-prix de son produit.
La démarche RSE doit ainsi viser la performance sociétale
autant que la performance économique.

1. F. Quairel, « Contrôle de la performance globale et responsabilité
sociale de l'entreprise (RSE) », *Comptabilité, contrôle, audit et institution(s),*
Mai 2006, https ://halshs.archives-ouvertes.fr/halshs-00548050/document.,
consulté le 01/01/2015.

TEXTES ET COMMENTAIRES

TEXTE 1

La Politique, Livre I, Chapitre 9[1]

Aussi cherche-t-on à établir une notion toute différente de la richesse et de l'art d'acquérir, et cette recherche se justifie. En effet, l'art naturel d'acquérir des richesses et la richesse naturelle sont tout autre chose que ce que nous venons de voir. La chrématistique naturelle relève de l'économie domestique, tandis que le commerce est l'art de créer des richesses, non pas de toute façon, mais seulement par le moyen d'échange de biens. Et c'est cette dernière forme qui, semble-t-il, a rapport à la monnaie, car la monnaie est dans ce cas principe et fin de l'échange. Dès lors cette sorte de richesse qui provient de la chrématistique ainsi définie est véritablement sans limites. De même que l'art médical poursuit sans limitation la santé et que chacun des autres arts poursuit aussi sa fin sans limitation (car ils veulent la réaliser au plus haut point possible), alors que les moyens d'atteindre la fin ne sont pas, eux, illimités (puisque la fin est dans tous les arts une limite), ainsi égale-ment, pour cette forme de chrématistique il n'y a pas de limite à sa fin, et sa fin est la richesse et l'acquisition des biens

---

1. Aristote, *La Politique*, trad. fr. J. Tricot, Paris, Vrin, 1987, livre I, chapitre 9, § 1257b-1258a.

au sens mercantile. Au contraire, l'art d'acquérir des richesses pour l'administration de sa maison, tout différent de la chrématistique proprement dite, a une limite, car l'acquisition illimitée de monnaie n'est pas l'affaire de l'économie domestique. De là vient que, à un certain point de vue, il apparaît que toute richesse a nécessairement une limite, et pourtant, d'un autre côté, l'expérience de chaque jour nous montre que c'est le contraire qui a lieu : car tous les trafiquants accroissent indéfiniment leurs réserves monétaires. La cause de ce contraste réside dans l'étroite connexion des deux espèces de chrématistique : elles se recouvrent l'une l'autre en ce que la chose dont chacune fait usage est la même : c'est bien de la même chose possédée qu'il y a usage, mais l'usage n'a pas lieu de la même manière dans les deux cas : la forme domestique de la chrématistique a en vue une fin autre que l'accumulation de l'argent, tandis que la seconde forme a pour fin l'accumulation même. Par suite, certains pensent que cette accumulation est aussi le rôle de l'administration domestique, et ils vivent continuellement dans l'idée que leurs devoirs est de conserver intacte leur réserve de monnaie ou même de la l'accroître indéfiniment. La raison de cette attitude, c'est qu'ils s'appliquent uniquement à vivre, et non à bien vivre, et comme l'appétit de vivre est illimité, ils désirent des moyens de le satisfaire également illimités. Et même ceux qui s'efforce de bien vivre recherchent les moyens de se livrer aux jouissances corporelles, de sorte que, comme ces moyens paraissent aussi consister dans la possession de la richesse, tout leur temps se passe à amasser de l'argent, et c'est ainsi qu'on en est arrivé à la seconde forme de la chrématistique. Toute jouissance, en effet, résidant dans un excès, ils se mettent en quête de l'art capable de produire cet excès dans la jouissance, et s'ils sont incapables de se le procurer par le jeu ordinaire de la chrématistique, ils tentent d'y parvenir par d'autres moyens, employant toutes leurs facultés d'une façon que réprouve la nature. Le rôle du courage n'est pas, en effet, de gagner de l'argent, mais de donner de la résolution, pas davantage ce n'est le rôle de l'art stratégique ou de l'art médical, mais ces arts doivent nous apporter victoire ou santé. Cependant on fait de toutes ces activités une affaire d'argent, dans l'idée que gagner de l'argent est leur fin et que tout doit conspirer pour atteindre ce but.

COMMENTAIRE :
ÉTHIQUE ET ÉCONOMIE

Éthique et économie constituent-elles deux domaines autonomes et indépendants qui n'ont rien en commun ? Une réponse affirmative renforcerait l'idée que si l'éthique en entreprise n'a pas d'efficacité réelle sur les systèmes, c'est bien parce que la question est mal posée et que les deux domaines ne peuvent et ne doivent pas s'influencer mutuellement. Pourtant, si affaires et morale sont deux domaines différents, si certes l'un n'est pas l'autre, il faut admettre que là où il y a des humains, il y a des sentiments moraux et des jugements moraux. Or l'entreprise et le « monde des affaires » en général sont faits par des humains, pour des humains, et avec des humains. Il y a donc nécessairement des questions morales qui se posent dans ce domaine comme dans tous les autres domaines de la vie. Le type de questions morales qui se posent en ce domaine est encadré par la question de la nature du rapport qui existe entre l'éthique et l'économie.

C'est à ce titre que le chapitre 9 du livre I de *La Politique* d'Aristote nous intéresse : Il établit la distinction entre une économie éthique, où l'acquisition est au service du développement humain, et une économie chrématistique, où le fait d'acquérir se détache de la finalité du besoin humain pour se prendre elle-même comme fin.

La question qui en découle et sur laquelle nous souhaitons donner des axes de réponse en nous appuyant sur ce chapitre d'Aristote, mis en lumière par quelques autres références, est la suivante : Comment établir un lien entre éthique et monde des affaires ? Comment établir un lien entre éthique et entreprise ?

ÉTHIQUE ET ÉCONOMIE SONT INTRINSÈQUEMENT LIÉES

L'action économique est un domaine de l'action humaine et à ce titre, elle est intrinsèquement liée aux questions d'éthique. Nous l'avons dit, les entreprises et autres organisations de travail existent par les hommes et pour les hommes. L'entreprise existe par les humains au sens où c'est leur vision de l'entreprise qui lui confère son identité, et au sens où elle est créée par un ou des humains, qu'elle produit des biens ou des services à destination des humains et que ces biens et services ne pourraient être réalisés sans l'intervention de l'agir humain. On trouve chez Granovetter, une analyse intéressante de la façon dont la sphère économique est ontologiquement constituée de réseaux humains [1]. Granovetter, par une analyse des marchés en réseaux de personnes, montre qu'on ne peut penser le marché dans sa seule dimension économique mais, que plus largement, on doit appréhender sa dimension sociale. L'entreprise, analysée comme une construction sociale faite de réseaux, est liée à son environnement extérieur par des liens

1. M. Granovetter, « The Strength of Weak Ties », *American Journal of Sociology,* 78, 1973, p. 1360-1380.

– humains ou permis par des humains – faibles, indirects, et
fédérée à l'intérieur par des liens forts, directs [1].

La question économique a pu dissimuler la question
éthique ; la création de valeurs économiques a pu éclipser la
création de valeurs non-marchandes ; la rationalité technique a
pu obscurcir la rationalité pratique. Pourquoi ?

On trouve une explication de ce phénomène d'éloignement
de l'économie par rapport à l'éthique dans cette distinction
fondamentale établie par Aristote. Dans le chapitre 9 du livre I
de *La Politique* que nous étudions, Aristote distingue deux
genres d'acquisitions : l'une qu'il appelle « l'art d'acquérir »,
et l'autre nommée la « chrématistique ». La première renvoie à
l'acquisition domestique ou utile et l'autre se réfère à l'acquisition spéculative. Dans le premier cas, le bien est acquis parce
qu'il répond à un besoin. C'est une acquisition naturelle,
branche de l'économie domestique, qui se fait en quantité
suffisante mais limitée, en vue d'une vie heureuse [2]. Le second
type d'acquisition « n'est pas naturel[le] mais a plutôt pour
origine une certaine expérience et un certain savoir-faire. » [3].

Pour préciser sa pensée, Aristote part de l'idée qu'il y a
échange de tout, car la nature est ainsi faite que les hommes ont
parfois plus, parfois moins qu'il ne faut. Dans un cas,

> (…) échanger l'une contre l'autre les choses utiles à la vie,
> mais rien de plus : on donne, par exemple, et on reçoit du vin
> contre du blé (…). Un tel mode d'échange n'est ni
> contre   nature,   ni   une   forme   quelconque   de

---

1. I. Huault *et al.*, *La construction sociale de l'entreprise : Autour des
travaux de Mark Granovetter*, Cormelles-le-Royal, Management et Société
(EMS), 2002.

2. Aristote, *La Politique*, *op. cit.*, liv. I, 8, § 1256b.

3. *Ibid.*, I, 9, 1257a.

chrématistique proprement dite (puisqu'il est, avons-nous dit, destiné à suffire à la satisfaction de nos besoins naturels) [1].

La chrématistique, quant à elle, est décrite comme la perversion d'une pratique naturelle d'acquisition en une technique d'enrichissement. Elle pervertit le petit commerce utile et naturel, en une fin spéculative et profitable en elle-même. La notion de « profit » apparaît, tel qu'il n'est pas de même nature que le petit commerce puisqu'il n'est plus un moyen pour renforcer l'autarcie naturelle, mais devient une fin en soi. Aristote raconte à ce propos le comportement de Thalès de Milet :

> Disposant d'une petite somme d'argent, il avait alors versé des arrhes pour utiliser tous les pressoirs à huile de Milet et de Chio, dont la location lui fut consentie à bas prix, personne ne se portant enchérisseur. Quand le moment favorable fut arrivé, il se produisit une demande soudaine et massive de nombreux pressoirs, et il les sous-loua aux conditions qu'il voulut [2].

La proximité des deux pratiques de l'acquisition naturelle et de la chrématistique peut prêter à confusion car elles ont toutes les deux en commun d'être une forme d'acquisition, d'avoir pour objectif la propriété. Mais la recherche de la richesse qui concerne l'administration familiale a une limite car la richesse n'est pas son objet ; l'objet en est la vie heureuse des membres de la famille. Au contraire « cette sorte de richesse qui provient de la chrématistique ainsi définie est véritablement sans limites » [3], dans l'idée que « il n'y a pas de limite à sa fin, et sa fin est la richesse et l'acquisition des biens

---

1. Aristote, *La Politique*, *op. cit.*, liv. I, 9, § 1257a.
2. *Ibid.*, liv. I, 11, § 1259a.
3. *Ibid.*, liv. I, 9, § 1257b.

au sens mercantile. »[1]. Dans le chapitre suivant, Aristote précise que tout chef de famille, et par extension, tout homme politique, est concerné par cet art de l'acquisition nécessaire à l'administration familiale et politique, bien que cette tâche doive rester une tâche subordonnée et non principale. Ce chapitre se clôt sur une description précise et synthétique du type de biens qui doivent faire l'objet d'acquisitions.

> Mais, par-dessus tout, comme nous l'avons dit plus haut, ces biens doivent être déjà mis à notre disposition par la nature : car le travail de la nature est de fournir de la nourriture à l'être qu'elle a engendré, puisque toute créature a pour aliment ce qui reste de la substance d'où elle provient. Voilà pourquoi l'art d'acquérir des biens en provenance des fruits de la terre et des animaux est pour tous les hommes un art naturel.
>
> Mais comme nous l'avons dit, l'art d'acquérir la richesse est de deux espèces : l'une est sa forme mercantile, et l'autre une dépendance de l'économie domestique ; cette dernière forme est nécessaire et louable, tandis que l'autre repose sur l'échange et donne prise à de justes critiques [2].

Par nature, le marché n'a pas un caractère directement financier. Son but naturel est de permettre à l'homme d'accéder à des biens nécessaires à sa survie ou utiles à son développement et qui lui font défaut. Pour exporter et importer toutes les denrées nécessaires, Aristote rappelle comment on inventa un arrangement qui permit le troc : la monnaie. Mais, si la fonction de la monnaie semble permettre de produire par elle-même de la richesse et des valeurs, l'auteur rappelle qu'il est erroné de croire que le *telos* des affaires est l'argent. L'argent est un moyen. Selon ce raisonnement, le profit financier ne peut servir à lui seul à mesurer l'efficacité des

---

1. Aristote, *La Politique*, *op. cit.*, liv. I, 9, § 1257b.
2. Aristote, *La Politique*, *op. cit.*, liv. I, 10, § 1258a.

affaires. Seuls les résultats en termes d'augmentation de la prospérité globale peuvent dire quelque chose de l'efficience des affaires conclues. On peut sans doute retrouver cette confusion de la valeur financière prise comme fin plutôt que comme moyen dans les marchés actuels. Recherchent-ils la maximisation de la prospérité et de l'épanouissement humain ou la maximisation de la valeur financière pour elle-même ? La distinction d'Aristote paraît particulièrement lumineuse et pertinente au regard de la finance actuelle

La financiarisation, l'enrichissement pour lui-même et sans aucun but d'amélioration du bonheur/bien-être appelle un encadrement des pratiques économiques. Partant du présupposé que l'existence de l'entreprise n'est légitimée que par l'efficience de sa production de biens ou de services [1], il ne s'agit pas pour l'éthique d'empêcher cette efficience, bien au contraire. L'encadrement éthique a pour but de redonner du sens à l'économie, en la replaçant dans la ligne de ce pour quoi elle existe : servir les besoins des humains. Pas les besoins de quelques humains mais du plus grand nombre. Pas dans le but d'enrichir un capital, mais dans le but d'augmenter le bien-être général. John Rawls, dans son ouvrage sur la théorie de la justice, pose notamment le problème de la personne par rapport à l'économie. Il considère que les deux ordres de l'être et de l'avoir ne font pas que coexister, mais que le domaine de l'avoir est subordonné au domaine de l'être [2]. Autrement dit, la sphère économique devrait dépendre de la sphère sociétale. Il s'agit donc de redonner sa juste place à l'économie dans la vie humaine. C'est bien l'objet de l'éthique des affaires, dont les principes visent à rappeler que le « business » doit se faire dans

1. R. H. Coase, « The Nature of the Firm », *Economica*, 4, n° 16, 1937.

2. J. Rawls, *A Theory of Justice*, Oxford, Oxford university press, 1971 (éd. rév. : 1999).

le respect des personnes qui travaillent à sa réalisation, et pour servir les intérêts de l'humain – non uniquement ceux d'un capital.

L'ENTREPRISE, UN AGENT ÉTHIQUE

Après avoir démontré que le groupe est un agent singulier pouvant endosser la responsabilité de ses actions, nous voudrions développer cet aspect et montrer que l'entreprise peut être vue comme un agent moral.

En effet, nous avons montré que les groupes, dont les entreprises, peuvent être reconnus comme des agents, capables de délibérer, d'agir de manière bonne ou mauvaise. Par là-même, l'entreprise peut agir éthiquement ou non éthiquement. C'est sur cet argument que repose l'idée d' «éthique de l'entreprise ». En effet, le préalable indispensable au développement d'une pensée de l'éthique de l'entreprise est la reconnaissance de l'entreprise comme agent éthique à part entière. Ce préalable est corrélatif au fait qu'on ait reconnu la responsabilité du groupe et il implique de reconnaître également l'influence de l'entreprise en tant qu'agent moral sur la société.

> Il faut mettre en lumière la dimension éthique de l'intention de l'agent collectif (*corporate*) qui se cache dans l'ombre et contrôle pourtant une bonne partie de la société contemporaine [je traduis] [1].

On peut envisager plusieurs cas de figure de la pratique éthique en entreprise : les entreprises qui agissent éthiquement sans formaliser par un document de référence cet agissement éthique ; les entreprises qui agissent éthiquement et qui

---

1. P. French, *Corporate Ethics*, San Diego, Harcourt Brace College Publishers, 1995, p. 27.

intègrent ces actions dans une réflexion sur la stratégie globale de l'entreprise ; les entreprises qui n'agissent pas de façon éthique ; et les entreprises qui n'agissent pas de façon éthique mais qui affichent un discours sur leurs valeurs éthiques.

L'éthique dont il s'agit ici est une éthique qui se manifeste par l'action. Elle ne peut être une éthique existant seulement par les discours.

L'action en général englobe les activités de l'entreprise. L'économie n'est qu'un aspect de l'action humaine, mais à ce titre, comme toute action humaine, elle est concernée par la morale et révèle des valeurs.

> La morale d'entreprise est l'application à un secteur particulier de la morale universelle [1].

La morale d'entreprise, plus couramment appelée « éthique des affaires » est l'application d'une éthique qui cherche à avoir une portée générale. De façon symétrique, la « morale d'entreprise » tend à être universelle, « universalisable ». Il y a donc un double mouvement qui forge la dynamique de l'éthique en entreprise : un mouvement d'application et un mouvement d'universalisation.

L'entreprise est une actrice morale d'envergure ; en tant que « personne morale » elle est à l'origine d'actions qui impactent la sphère socio-économique plus fortement que l'action individuelle ; et en tant qu'organisation qui fait travailler des collectifs, elle est à l'origine d'une infinité de micro-actions dont elle peut éventuellement influencer l'orientation morale. Une autre dimension importante de l'éthique de l'entreprise est cette dimension de collectif qui

---

1. G. Even-Granboulan, *Éthique et économie : quelle morale pour l'entreprise et le monde des affaires ?*, Paris, L'Harmattan, 1998, p. 136.

implique deux enjeux : 1) L'entreprise a un impact particulier
sur le monde ; plus important que les individus, plus réactif que
les États et avec une dimension économique. 2) L'entreprise
articule deux dimensions de l'éthique : une éthique de groupe
et une éthique individuelle. Ainsi, il existe des pratiques
éthiques de l'entreprise : par exemple la mise en place volontaire d'une fondation pour l'alphabétisation de populations.
Il existe également des actions éthiques dans l'entreprise et ce
sont souvent des micro-actions accomplies par les individus :
par exemple une micro-action d'entraide d'un(e) salarié(e)
envers l'autre, ou une micro-action d'honnêteté d'un(e)
salarié(e) qui manipule de l'argent.

L'ÉTHIQUE APPLIQUÉE À L'ENTREPRISE

Le lien intrinsèque entre éthique et économie étant
démontré et le fait de l'entreprise comme groupe-agent moral
étant posé, nous pouvons estimer que nous avons légitimé la
mise en relation des termes « éthique » et « entreprise », mise
en relation que nous allons maintenant préciser. Mais avant de
préciser ce concept d'éthique de l'entreprise, il semble nécessaire d'expliciter la notion d'*application* de l'éthique.

Si l'on s'en tient à l'éthique en tant que discipline, on
s'aperçoit que l'institutionnalisation d'un mouvement moral,
sans doute naturel chez l'homme, de recherche de la meilleure
action, n'a pas toujours eu pour effet, ou même pour objectif,
d'améliorer les pratiques. La morale ou l'éthique – dont on
considère ici qu'elles désignent la même réalité, l'un des mots
étant d'origine grecque et l'autre d'origine latine et les deux se
rapportant à l'idée de mœurs – ont pu être perçues comme des
disciplines dont l'objet était de débattre sur les normes, sans
forcément s'appuyer sur la réalité dans laquelle les normes
devaient s'insérer. L'article consacré à la définition de

l'éthique par Paul Ricoeur dans le *Dictionnaire d'éthique et de philosophie morale* dirigé par Monique Canto-Sperber fait ainsi une distinction intéressante entre une éthique antérieure et une éthique postérieure. L'éthique antérieure désigne l'amont des normes, «pointant vers l'enracinement des normes dans la vie et dans le désir»[1]. L'éthique postérieure elle, désigne l'aval des normes, «visant à insérer les normes dans les situations concrètes»[2] et étant par là même conduite à se conjuguer au pluriel.

> Ce ne serait donc pas par hasard que nous désignons par éthique tantôt quelque chose comme une métamorale, une réflexion de second degré sur les normes, et d'autre part des dispositifs pratiques invitant à mettre le mot éthique au pluriel et accompagner le terme d'un complément comme quand nous parlons d'éthique médicale, d'éthique juridique, d'éthique des affaires, etc.[3].

Ricoeur pose ici les bases de ce qui va être nommé par la suite : «éthique appliquée». La pluralité des éthiques renvoie en effet à la régionalisation de l'éthique par domaine d'application. Mais ici, il faut le souligner car nous partageons cette vision, Ricoeur montre bien l'unité fondamentale des éthiques plurielles ; elles ont un versant antérieur qui leur confère la même base métaéthique de recherche du bien, du beau, du juste : de recherche de la meilleure façon d'agir en situation.

Descombes reprend à son compte cette interrogation sur ce que peut être une éthique appliquée. Dans l'introduction de son ouvrage *Le raisonnement de l'ours : et autres essais de*

---

1. P. Ricoeur, «Éthique, De la morale à l'éthique et aux éthiques», *in* M. Canto-Sperber (dir.), *Dictionnaire d'éthique et de philosophie morale*, Paris, P.U.F., 1996.
2. *Ibid.*
3. *Ibid.*

philosophie pratique, il se demande ainsi : « Comment une philosophie pourrait-elle être pratique ? »[1].

> En fait, on donne normalement le nom de philosophie pratique à un ensemble de disciplines qui traitent des affaires humaines – des « domaines de l'homme » (…), par quoi nous pouvons entendre le domaine des choses qui dépendent de nous. (…) La philosophie pratique traite donc des choses qui se présentent à nous comme étant à faire ou à ne pas faire[2].

La philosophie pratique concernerait donc les situations qui dépendent de nous. Il s'agit alors, premièrement, de distinguer les choses qui dépendent de nous, celles sur lesquelles nous pouvons par notre action avoir un effet. Une fois cela mis en lumière, il faut apporter une résolution pratique à des situations. L'expression « éthique appliquée », en faisant référence à une analyse éthique des situations précises, met l'accent sur la résolution pratique. L'importance est donnée ici au contexte, à l'analyse des conséquences, à la résolution. Cette visée, prescriptive plutôt que réflexive, s'exerce surtout dans les secteurs des pratiques sociales et professionnelles. L'éthique appliquée serait alors la discipline des cas concrets :

> Au plan méthodologique, l'analyse éthique se préoccupe de cas concrets bien documentés tant au plan technique que dans ses autres dimensions. Elle vise la clarification du dilemme

---

1. V. Descombes, *Le raisonnement de l'ours et autres essais de philosophie pratique*, Paris, Seuil, 2007, p. 8.
2. *Ibid.*, p. 9.

éthique dans le but de fournir des avenues normatives, voire des solutions précises [1].

L'expression d' « éthique appliquée » apparaît dans les années 1960 mais ce n'est qu'au début des années 1970 qu'elle commence sérieusement à intéresser les philosophes, en particulier du côté anglo-saxon. Cet intérêt soudain se comprend si l'on considère les grands changements techniques et technologiques ayant amené de nouvelles questions sur la juste *praxis*. L'éthique, censée répondre à la question « Que dois-je faire ? », est donc sollicitée par des situations réelles, nouvelles, aux enjeux moraux, qui laissent l'être humain indécis sur la bonne façon d'agir. Si le développement récent de l'éthique appliquée marque un renouvellement profond de l'être-au-monde de la philosophie, il serait cependant malvenu de conclure que l'éthique appliquée est une branche nouvelle de la philosophie. L'éthique est par essence ce qui traite de l'agir humain. Ainsi, dans l'*Ethique à Nicomaque*, Aristote distingue la rationalité pratique de la rationalité théorique associée à la connaissance :

> Le présent ouvrage ne se propose pas un but théorique, comme les autres ; car notre recherche ne vise pas à déterminer la nature de la vertu, mais le moyen à employer pour devenir vertueux, faute de quoi son utilité serait nulle [2].

La recherche éthique d'Aristote consiste à explorer la nature de l'action bonne accomplie dans les contextes particuliers de la vie quotidienne, de la vie de travail, de la vie politique. C'est une recherche qui mêle étroitement le bien et le

1. M-H. Parizeau, « Éthique appliquée, Les rapports entre la philosophie morale et l'éthique appliquée », *Dictionnaire d'éthique et de philosophie morale*, art. cit.

2. Aristote, *Éthique à Nicomaque, op. cit.,* liv. II, 2.

bonheur, présupposant que l'action juste est celle qui épanouit celui qui la réalise.

L'éthique se décline en plusieurs domaines d'application. La bioéthique et l'éthique médicale se développent pour donner des réponses aux problèmes liés aux avancées de la bio-médecine. Elle cherche à répondre à des questions aussi concrètes que l'euthanasie ou la recherche sur les embryons. L'éthique de l'environnement s'intéresse aux animaux et à la nature, notamment en vue d'une préservation des éco-systèmes, condition nécessaire à la vie sous toutes ses formes. L'éthique des relations internationales se penche sur la question des droits de l'homme, de leur universalité et sur la gestion des conflits. Enfin, l'éthique des affaires ou « business ethics » s'occupe de l'entreprise et des organisations de travail en tant qu'elles sont incarnées par des humains. Elle se pose la question de la responsabilité sociale et sociétale des organi-sations, de la présence de valeurs non-marchandes dans les relations de travail, etc. C'est ce dernier point qui nous inté-resse plus spécifiquement. Notons que l'éthique des affaires qui traite notamment des problématiques de responsabilité sociale de l'entreprise (RSE) interfère avec celles de la gestion durable de nos ressources environnementales et par là-même, avec l'éthique des relations internationales. De même, la question des valeurs dans les organisations de travail rejoint celle de l'universalité des valeurs soulevée par l'éthique des relations internationales. Certaines questions d'éthique appliquée, en ce qu'elles s'appuient sur des principes d'éthique fondamentale renvoient ainsi l'une à l'autre.

À propos d'éthique professionnelle, Parizeau dans son article «Éthique appliquée», explicite ainsi les liens entre l'éthique appliquée et la morale :

Ces interrogations éthiques renvoient souvent aux problèmes pratiques d'ordre socio-professionnel rencontrés par les membres d'une même profession, tels, par exemple, la dangerosité d'une technique et la question de la responsabilité sociale, la loyauté de l'employé, la confidentialité et le délit d'initié, l'honnêteté et l'intégrité professionnelle, l'égalité à l'embauche, l'information et la tromperie dans la publicité, etc. Cependant l'éthique professionnelle dépasse ce cadre et s'interroge plus largement sur le rôle social de la profession, ses responsabilités, sa fonction, ses buts, son attitude face aux risques et à l'environnement, etc. [1].

Il faudrait ajouter dans les questions que se pose ou doit se poser l'éthique appliquée à l'entreprise : le lien avec l'économie, la finance, l'argent, ainsi que la relation aux clients, aux prestataires et aux parties prenantes en général. L'auteure de l'article note que l'éthique professionnelle comme les autres éthiques appliquées requiert une approche pluridisciplinaire ; l'éthique, le droit, l'anthropologie, l'économie, la sociologie, permettent une vue d'ensemble, décentrée du point de vue de l'expert. Une observation supplémentaire nous paraît particulièrement juste : Le dialogue entre universitaires et entreprises n'est pas aussi développé dans le domaine de l'éthique des affaires que dans celui de la bioéthique par exemple, où le dialogue entre universitaires et professionnels médecins est très vivace.

La description du type de problématiques de l'éthique des affaires proposée ci-dessus peut aider à dégager trois niveaux :

---

1. M-H. Parizeau, « Éthique appliquée, Les rapports entre la philosophie morale et l'éthique appliquée », art. cit.

> Les questions morales qui concernent un individu au sein
> d'une entreprise, les questions qui se posent au niveau de
> l'entreprise en tant que collectif, et les obligations que
> l'entreprise peut avoir envers la société [1].

Et l'auteure ajoute :

> C'est à ce deuxième niveau que des problèmes d'organisation
> apparaissent, en même temps que se développent des codes
> de bonnes conduites et d'éthique, ainsi que des règles de
> déontologie [2].

Cela étant dit, si l'on s'en tient à strictement parler au type
de problématique éthique attribué à l'entreprise comme
groupe-agent (et non à l'individu-agent), on peut dégager deux
types de questions : (1) les questions relatives à la vie même de
l'entreprise (2) et celles qui ont trait à sa place dans la société.

(1) Au nombre des questions relatives à la vie même de
l'entreprise, on rangerait les préoccupations portant sur
l'impact de l'entreprise sur le bien-être des travailleurs, sur les
relations au sein de l'entreprise, sur la qualité des produits, etc.
(2) Parmi les questions relatives à la place de l'entreprise dans
la société, il faudrait mentionner le devoir de l'entreprise de
respecter les conditions de la justice sociale et parfois même
d'être à l'origine de solutions socialement innovantes.

De telles préoccupations suffiraient à rendre légitime la
recherche d'une éthique de l'entreprise. Elles prouvent que les
entreprises ont un *besoin* d'éthique puisque qu'elles sont
confrontées à des questions d'ordre normatif qui ne trouvent
pas de réponse dans la loi.

---

1. J. Assouly, *Morale ou finance ? La déontologie dans les pratiques
financières*, Paris, Presses de la Fondation nationale des sciences politiques,
2013, p. 62.
2. *Ibid.*, p. 63.

Cependant, on ne peut introduire la question de l'éthique des affaires sans parler du doute qui plane sur sa capacité réelle à améliorer les pratiques des acteurs et le fonctionnement des systèmes économiques. Même s'agissant de l'éthique dite « appliquée », le risque est qu'elle fasse preuve d'un déficit d'action. C'est en effet ce que note Geneviève Even-Granboulan à propos de l'éthique professionnelle dans son ouvrage *Éthique et économie* :

> On assiste aujourd'hui à un renouveau de l'éthique professionnelle ; à défaut de la pratiquer, on en parle beaucoup, on organise des séminaires et colloques sur ce thème [1].

Cela peut paraître évident, vu l'origine du concept de *praxis* qui lie d'office l'idée de pratique, d'agir et l'idée d'agir de la meilleure façon possible. Et pourtant, dans le monde contemporain et en particulier dans celui des entreprises, cela ne l'est pas toujours. L'entreprise devrait alors acquérir non seulement la conscience que l'éthique n'est pas étrangère à son fonctionnement, mais encore la mise en pratique des valeurs éthiques affichées. Le discours est un premier pas non négligeable qui manifeste une conscientisation de la question de l'éthique par l'entreprise ; le passage à l'acte est, bien entendu, le plus important. C'est lui qui aura un effet sur la réalité. Un discours qui n'est pas corrélatif à des actes s'avérera contre-productif notamment car il s'apparentera au mensonge, à la trahison ou à l'inconsistance. D'où la nécessité que l'éthique des affaires soit traitée de façon opérationnelle dans l'entreprise : il n'y a pas d'éthique sans action éthique ; il n'y a pas d'éthique sans opérationnalisation. Ici, on peut noter que l'approche ontologique, telle qu'elle a été présentée dans la

---

1. A. Anquetil, « L'éthique des affaires et le scepticisme moral », *RIMHE*, n° 1, 2012, p. 77.

partie théorique de cet ouvrage peut être une aide à l'opérationnalisation au sens où elle permet d'analyser dans quels types
d'action, à quel niveau de la chaîne de valeur, avec quelle
partie prenante et comment les problématiques éthiques
s'insèrent. Cette analyse ontologique peut avoir un grain plus
ou moins fin selon qu'elle porte sur les entreprises en général,
un secteur d'activité, ou une structure en particulier.

QUELLE ÉTHIQUE DE L'ENTREPRISE ?

Enfin, nous voudrions passer rapidement en revue, les
différents cas de figure de l'éthique des affaires, dans le but de
répondre à la question : « Comment l'entreprise peut-elle être
éthique ? ».

L'éthique de l'entreprise se présente donc comme une
éthique régionale, qui répond à des problématiques propres au
milieu de l'entreprise. Mais il est important de rappeler que,
comme toute éthique régionale, elle est reliée à des perspectives universelles de développement de l'humanité.

Alain Anquetil propose quatre réponses théoriques
principales[1]. Ainsi :

– La thèse de la séparation qui défend l'idée de séparation
de la vie morale et de la vie économique[2] ;

– La thèse de Solomon[3] qui se base sur la philosophie
morale et économique aristotélicienne. Ainsi, « elle accorde

---

1. A. Anquetil, « L'éthique des affaires et le scepticisme moral », art. cit.,
p. 78.
2. R. Freeman, *Strategic Management : A Stakeholder Approach, op. cit.*
3. R. Solomon, « Corporate roles, personal virtues : An aristotelitian
Approach to business ethics », *in* Winkler & Coombs (dir.), *Applied ethics,*
Hoboken, Blackwell Pub., 1993, p. 201-221.

une importance particulière au développement individuel des vertus dans le cadre de l'entreprise conçue comme une communauté humaine »[1]. Mais, dans la droite lignée d'Aristote qui distingue en effet la chrématistique de l'économie ordinaire, cette position recouvre un certain scepticisme moral envers la partie de l'économie qui vise la spéculation pure.

– La thèse de l'égoïsme altruiste qui consiste à penser qu'un agent a un comportement éthique par intérêt. Cet intérêt peut être direct ou indirect ; par exemple lorsque la bonne action a un impact sur la réputation de l'entreprise et lui rapporte indirectement des clients.

> De même qu'il nous a paru utile de distinguer un souci intuitif d'un souci réfléchi de sa réputation, il nous semble pertinent de distinguer deux dispositions susceptibles l'une et l'autre d'induire un comportement proprement moral. Il y a, d'une part, une disposition morale intuitive sélectionnée parce qu'elle contribue de façon efficace à la réputation de l'individu. Il y a, d'autre part, un souci plus réfléchi de sa propre estime qui met en œuvre une évaluation explicitée des comportements et qui lui aussi constitue un moyen raisonnable d'assurer sa réputation sans la rechercher directement[2].

– La thèse de la nécessité de l'existence des actes moraux même dans le domaine économique, illustrée par la position d'Amartya Sen. Ainsi, il nous faut évoquer la position de cet auteur qui intitule l'un de ses ouvrages « L'économie est une science morale »[3] et met en évidence le fait qu'il n'est pas

---

1. A. Anquetil, « L'éthique des affaires et le scepticisme moral », art. cit., p. 78.
2. N. Baumard et D. Sperber, « Morale et réputation dans une perspective évolutionniste », *Communications – La Réputation*, Paris, Seuil, n° 2, 2013.
3. A. Sen, *L'économie est une science morale*, Paris, La Découverte, 1999.

réaliste de considérer l'*homo economicus*, comme un simple agent rationnel, dépourvu d'affects et de sentiments moraux. Il réhabilite l'idée qu'une action puisse être désintéressée, au moins en partie. De cette façon, il désamorce l'idée que la somme des intérêts individuels ne peut aboutir à l'intérêt général, car « si l'on supprime le carcan de la motivation intéressée, il devient possible d'admettre le fait indiscutable que l'action d'une personne peut très bien répondre à des considérations qui ne relèvent pas – ou du moins pas entièrement – de son bien-être. » [1]. L'auteur contribue ainsi à un renouvellement de la théorie du choix social qui prend en compte non seulement la rationalité économique des individus, mais aussi les autres dimensions humaines (affectives, morales) pouvant impacter leurs décisions.

Deux de ces quatre positions sont assez sceptiques quant à la possibilité de l'éthique dans le monde économique. Ces postures sceptiques cherchent en fait à apporter une réponse à la question : Si l'entreprise peut accomplir des actions éthiques, l'éthique de l'entreprise est-elle seulement instrumentale, ou résulte-t-elle d'un vrai souci moral ?

La position que nous avons déjà argumentée en nous appuyant sur Aristote consiste à considérer que l'éthique et l'économie sont intrinsèquement liées. Nous sommes ainsi conduits à penser la morale comme élément nécessaire d'un écosystème humain global. L'éthique et l'économie sont des parties interdépendantes, également nécessaires à cet écosystème humain. Cette position amène, d'une certaine manière, à dépasser la question de la morale comme moyen ou comme fin, en positionnant l'éthique comme nécessaire.

---

1. A. Sen, *Ethique et économie et autres essais*, Paris, P.U.F., 1993, p. 40.

Articuler l'éthique individuelle dans l'entreprise et l'éthique collective de l'entreprise

Pourquoi est-il essentiel que l'entreprise soit consciente qu'elle est concernée par la question de la pratique éthique ? Parce que l'entreprise est une actrice morale de grande envergure. En tant que « personne morale » elle est une unité sociale, constituée d'une à plusieurs milliers de personnes. Les actions de ce qu'on peut ainsi appeler une « communauté » ont des impacts potentiellement conséquents. En termes de densité d'effets, cela représente une autre échelle, bien plus puissante, que le niveau individuel. Par rapport à l'échelle politique incarnée par les nations et les organisations internationales, l'entreprise a une plus grande capacité d'adaptation, de réactivité, d'abord parce qu'elle a moins d'inertie, et puis parce qu'elle est obligée de s'adapter aux réalités socio-économiques si elle veut survivre. Comme le disent Faucheux et Nicolaï dans leur article sur « les firmes face au développement soutenable », la firme est le « principal acteur du changement technologique et environnemental »[1]. Les auteures cherchent à démontrer qu'une évolution de la politique environnementale tend à la déréglementation. Selon elles, les pratiques s'autorégulent de plus en plus. Ce phénomène répondrait à un mouvement nourri de conscience de la responsabilité par rapport à l'environnement sociétal qui ne trouve pas de réponse dans le juridique et se tourne vers la gouvernance participative pour prendre des décisions responsables.

Cette dimension collective de l'éthique en entreprise rappelle un principe souligné par Even-Granboulan :

---

1. I. Nicolaï et S. Faucheux, « Les firmes face au développement soutenable : changement technologique et gouvernance au sein de la dynamique industrielle », *Revue d'économie industrielle*, 83, n° 1, 1998.

La morale est sociale ou n'existe pas [1].

L'éthique contient en elle-même une dimension collective. Elle a d'abord une dimension sociale, car elle est transmise par les groupes sociaux qui nous éduquent, c'est-à-dire le groupe restreint de la famille, puis au fur et à mesure de notre vie, l'école, l'entreprise, et les autres rencontres. Cette pluralité des règles qui nous sont transmises permet d'opérer les choix dont notre morale personnelle résulte.

La morale individuelle est un ensemble de règles d'actions librement choisies [2].

Si les valeurs individuelles sont le fondement de toute éthique, elles ont une dimension qui dépasse l'individu, car elles sont adoptées et vécues par d'autres individus. Leur existence est individuelle et collective. La pratique individuelle de la valeur est sa matière, quand son aspect collectif permet de la conceptualiser, de lui donner une forme. L'un ne va pas sans l'autre. La valeur, l'éthique existe *via* cette double dimension.

L'entreprise est donc constituée d'individus qui ont leur propre éthique personnelle. Parler d'éthique de l'entreprise implique donc de parler de l'éthique de l'entreprise et d'éthique dans l'entreprise. Chacune de ces éthiques renvoie à la distinction faite plus haut entre : (1) les questions relatives à la vie même de l'entreprise, où l'entreprise est vue comme un milieu d'agents humains, et (2) les questions qui ont trait à sa place dans la société, où l'entreprise *est* l'agent, inséré dans un milieu plus vaste.

---

1. G. Even-Granboulan, *Éthique et économie : quelle morale pour l'entreprise et le monde des affaires ?*, *op. cit.*, p. 103.
    2. *Ibid.*, p. 37.

1) Les questions éthiques, relatives à la vie même de l'entreprise, auraient trait à l'éthique de l'entreprise relativement aux personnes dans l'entreprise.

2) Les questions relatives à la place de l'entreprise dans la société, relèveraient plutôt de l'éthique de l'entreprise, en tant que « personne morale » pour reprendre le terme juridique, même si elles touchent par là même à l'éthique personnelle des dirigeants notamment.

L'entreprise articule donc une éthique à dimension individuelle et une éthique à dimension collective, sociale. Le travailleur doit articuler les deux éthiques que sont : la sienne propre et celle du milieu dans lequel il travaille. Il est un agent éthique individuel inséré dans l'entreprise qui serait un agent éthique plus global. L'entreprise, personne morale, entité juridique, est à l'origine d'une multitude de micro-comportements individuels dont l'impact est global. Les micro-actions des acteurs physiques ont un impact réel, qui peut s'avérer très puissant si elles sont mises bout à bout. Le micro et le global se côtoient donc, décuplant le potentiel actionnel.

Dans certains cas, l'articulation entre les deux éthiques, individuelle et entrepreneuriale, est harmonieuse. Dans d'autres cas, l'agent éthique individuel est en désaccord avec l'agent global qu'est l'entreprise. Il y a conflit éthique. Pour qu'il y ait conflit éthique, il faut que l'agent soit conscient, éveillé à la dimension éthique de ses propres actes et des actes de l'entreprise-en-tant-qu'agente dans laquelle il est inséré. Puisque l'action collective est faite d'actes individuels, il faut que les acteurs individuels soient consentants. Il est important qu'ils aient conscience de cette liberté de pouvoir être d'accord ou non, et surtout de pouvoir agir ou non en faveur des objectifs ou des comportements globaux de l'entreprise.

> L'éthique en entreprise est une déclinaison de l'une [éthique
> individuelle] et de l'autre [éthique collective], de l'une par
> l'autre, qui n'est autre que la tension proprement humaine de
> l'individualité prise toujours-déjà dans du collectif[1].

Les deux sont distinctes mais indissociables. Elles doivent
pouvoir s'adapter constamment l'une à l'autre. Le conflit
éthique qui peut se manifester entre une entreprise et sa partie
prenante révèle un moment de crise qui demande l'ajustement
du comportement de l'un ou de l'autre. Si un salarié désap-
prouve telle ou telle pratique de l'entreprise, il peut choisir de
négocier un changement, il peut partir, il peut rester et résister
passivement en refusant de suivre la pratique qu'il désap-
prouve, il peut changer d'avis, il peut rester en considérant que
le mal-être qu'il éprouve face à la pratique est compensé par le
bien-être que lui apporte l'entreprise par ailleurs, etc. En un
mot, la situation de crise permet de prendre conscience et
d'agir. Il en va de même pour l'entreprise qui, si elle se rend
compte, par exemple, qu'elle a un salarié malhonnête, peut
choisir de négocier un changement de comportement, de le
licencier, de considérer que ce que lui apporte le salarié lui
coûte moins que ses malhonnêtetés, etc.

Dans tous les cas, l'éthique individuelle et celle de l'entreprise ne sont pas rigides. Elles prennent en compte la
complexité de la réalité et ses évolutions.

> L'éthique individuelle en entreprise est un « chemin », un
> processus en mouvement plutôt qu'une attitude rigide et
> intangible, établie à un certain moment. Les valeurs (…) sont
> confrontées en permanence à l'expérience quotidienne, qui
> nous donne parfois raison parfois tort, et cette confrontation

---

1. M. Grassin, « L'éthique individuelle à l'épreuve de l'éthique collective.
À l'horizon de la personne. », *L'éthique individuelle, Un nouveau défi pour
l'entreprise*, Paris, L'Harmattan, 2005, p. 25.

agit sur nos principes d'action qui évoluent et se transforment[1].

Le fait que les valeurs de l'individu, comme celles de l'entreprise, puissent évoluer n'entraîne pas cependant un nihilisme axiologique. Cela signifie que même si nous avons certains principes auxquels *a priori* nous voudrions nous tenir, la réalité des contextes, des situations nous enjoint d'adapter nos actes afin qu'ils soient le plus juste possible. Peut-être pourrait-on dire alors que le seul principe qui soit immuable serait celui, justement, d'agir au plus juste ?

Georges Légault, dans le texte qu'il rédige pour l'ouvrage collectif *Questions d'éthique contemporaine*, dirigée par Ludivine Thiaw-Po-Une, pose que : « l'offre éthique répond mal à la demande contemporaine »[2]. En effet, certaines réponses éthiques paraissent inadaptées. Deux causes possibles à cette inadéquation : (1) les actions de l'entreprise ne répondent pas à l'attente éthique des parties prenantes ; (2) les réponses éthiques sont trompeuses ; elles font l'objet de discours non accompagnés d'actes ou contradictoires avec les actes réels. Ce faisant, elles deviennent des éthiques contre-productives. En particulier, lorsqu'elles cherchent « à humaniser le pouvoir et le capital »[3] en mettant en place une communication trompeuse. Dans de tels cas, c'est la qualité de la relation aux parties prenantes qui subira des dommages. Le client, le salarié, le prestataire, l'environnement social, se sentent défiés dans l'échange commercial. La relation

1. C. Ganem, « L'éthique individuelle : finalités et modalités », *L'éthique individuelle, Un Nouveau défi pour l'entreprise*, Paris, L'Harmattan, 2005, p. 113.

2. G. Legault, « Professionnalisme avec ou sans profession », *in* L. Thiaw-Po-Une (dir.), *Questions d'éthique contemporaine*, Paris, Stock, 2006, p. 604.

3. *Ibid.*, p. 625.

naturelle d'échange de bien est détériorée. Ce cas, ou le cas de conflit éthique en général, ne peuvent advenir que sur un terrain de conscience de l'agent, conscience de ses valeurs propres et des valeurs de son milieu de vie.

Le cas de conflit éthique est décrit et analysé par Solomon dans un article au titre évocateur : « Corporate roles, personal virtues » ; « rôles dans l'entreprise, vertus des personnes »[1]. Dans cet article, Solomon commence par livrer son analyse de l'approche aristotélicienne de l'éthique des affaires et des six « ingrédients de la vertu »[2]. Parmi ceux-ci, on compte la *communauté*, qui donne le ton des pratiques établies, l'*excellence*, comme horizon, le *rôle identitaire* de la personne, le point de vue *holiste*, l'*intégrité*, le *jugement*. La situation qui fait émerger un conflit éthique est celle dans laquelle des vertus se contredisent, entrent en conflit.

> Dans chaque entreprise il y a des chevauchements entre les cercles concentriques de l'identité et de la responsabilité, et une vertu dans un cercle peut être en conflit avec une vertu dans un autre cercle [je traduis][3].

Solomon explique les conflits de vertus par les différences d'objectifs assignés par les rôles tenus par la personne et par les rôles tenus par l'entreprise. Par exemple, le statut d'ingénieur dans le nucléaire peut entrer en conflit de valeurs avec celui de militant anti-nucléaire ou, en ce qui concerne une entreprise, l'objectif de dépasser ses objectifs pour récompenser les salariés peut entrer en conflit avec l'objectif de ne pas stresser les salariés. Les conflits de valeurs sont donc souvent liés à des

---

1. R. Solomon, « Corporate roles, personal virtues : An aristotelitian Approach to business ethics », art. cit.
2. *Ibid.*, p. 221.
3. *Ibid.*

conflits de finalités entre les différentes sphères d'actions de la personne ou de l'entreprise. Ceci est important à prendre en compte pour mieux comprendre les différents niveaux du conflit de valeurs. Ces derniers s'articulent autour de l'éthique individuelle et collective, mais aussi autour des différents niveaux qui ont cours au sein de l'éthique individuelle et de l'éthique collective.

Une clef pour lutter contre le genre de pratique qui diminue la qualité des échanges est la dénonciation. Le « fait de dénoncer des dysfonctionnements de l'entreprise » est décrit dans un article d'Even Granboulan, *Quel avenir pour le whistle-blower* ?

> Le *whistle-blower* a une position extrêmement difficile quelles que soient, par ailleurs, les protections juridiques mises en place ces dernières années aux Etats Unis, au Canada, en Australie ou dans d'autres pays encore comme la Grande-Bretagne [1].

Pris par son double rôle, il se trouve contraint de donner l'alerte sur une pratique de son entreprise qui lui paraît être contraire à la sécurité, à la morale, à la loi. Le *whistle-blowing* exprime le moment où une moralité individuelle peut s'opposer à une pratique de l'entreprise.

> Près de la moitié des entreprises américaines ont mis en place des lignes téléphoniques spécifiquement dédiées à l'éthique : elles permettent aux collaborateurs soit de recueillir des conseils pour résoudre leurs propres dilemmes, soit de

---

1. G. Even-Granboulan, « Quel avenir pour le whistle-blower ? », *L'éthique individuelle, Un nouveau défi pour l'entreprise,* Paris, L'Harmattan, 2005, p. 36. Le terme « wishtle blower » a depuis été traduit en France par « lanceur d'alerte ».

rapporter les éventuelles violations à l'éthique constatées au sein de leur entreprise [1].

Ainsi, Peter French dans son ouvrage consacré à l'éthique « corporate », propose un exemple historique de whistle-blowing [2]. Le 28 janvier 1986, la navette spatiale Challenger se désintègre 73 secondes après son décollage, provoquant la mort des sept astronautes de l'équipage de la mission STS-51-L. En cause : la défaillance d'un joint du propulseur d'appoint qui, ne résistant pas assez au froid, provoqua le feu. Roger Boisjoly, un des ingénieurs du projet, témoigna contre son entreprise, Morton Thiokol, fournisseur du projet, en exprimant ses préoccupations quant à l'effet de la température sur la résistance des joints toriques en caoutchouc qui permet-taient de sceller les joints. Ce témoignage permit de conforter l'enquête sur la responsabilité de l'accident en accusant notamment Morton Thiokol du défaut de conception. Roger Boisjoly, l'ingénieur qui avait alerté à propos de l'effet du froid sur les joints toriques, a quitté son emploi chez Morton et est devenu conférencier sur l'éthique en milieu professionnel. Il fait valoir que la réunion des responsables de Morton Thiokol qui aboutit à la recommandation de procéder au lancement constituait une réunion contraire à l'éthique.

Mais comment le *whistle-blower* sera-t-il perçu ? Comme quelqu'un agissant dans l'intérêt public ou comme quelqu'un de nuisible ? L'action sera-t-elle prise comme acte d'héroïsme ou comme acte de délation ? La loyauté envers l'entreprise inclut le fait de ne pas nuire à sa réputation, et il n'est pas toujours simple de discerner à qui l'on doit être loyal ; à soi ?

1. S. Mercier, *L'éthique dans les entreprises*, Paris, La Découverte, 2004, p. 28.

2. P. French, *Corporate Ethics, op. cit.,* p. 159.

À son manager[1] ? La dénonciation demande du courage et paraît parfois impossible pour des personnes qui craignent pour la situation matérielle de leur famille, par exemple. La définition de l'intégrité morale en milieu professionnel peut même sembler irréaliste :

> Une personne intègre moralement est une personne qui se tient de façon invariable à un engagement pour faire ce qui est le meilleur moralement en toutes circonstances, peu importe les conditions ou les conséquences personnellement défavorables[2].

Cependant, French admet qu'il peut exister plusieurs sortes d'intégrités morales dans le cas des conflits de droits où deux règles morales s'opposent ; par exemple, entre la loyauté à un contrat et la loyauté à une règle morale. Dans ce cas, les situations peuvent amener à une autre forme d'intégrité, qui cherche le compromis.

Une autre possibilité dans le cas de conflit éthique est celle de la non-action. C'est peut-être la résistance minimum, mais au même titre que la micro-action, la « micro-non-action » a un impact réel et efficient. L'entreprise est faite d'êtres humains qui agissent pour la faire fonctionner. Ceci a une conséquence : rien ne peut être fait sans leurs actions. La simple possibilité de décider de ne pas agir selon les recommandations données, peut suffire à contrarier les orientations stratégiques d'une entreprise.

Plus encore que l'individu, tout en étant constituée par lui, l'entreprise peut concourir à l'ordre ou au désordre planétaire. Les concepts d' « éthique des affaires » et de « responsabilité » recouvrent ainsi un questionnement moral sur les

1. P. French, *Corporate Ethics, op. cit.,* p. 161.
2. *Ibid.,* p. 172.

conséquences des actes de gestion, d'un point de vue qui englobe l'homme, la société et la nature.

> Qu'est-ce qui fait qu'une éthique ou une morale advient correctement ? Je suggère que c'est l'aboutissement d'un processus interne qui pèse l'intérêt de chaque acteur. Chacun n'agit plus en fonction de son intérêt personnel ; chacun agit en fonction des intérêts de la collectivité, conçue comme un agent collectif. Supposons que chaque acteur perçoive les intérêts et l'importance de chaque autre acteur correctement, chacun va favoriser les mêmes conclusions socialement efficaces, moralement correctes et optimales pour la collectivité comme agent collectif [1].

L'éthique constitue le point de rencontre entre économie et préservation et développement de la vie – dont la vie humaine, au moment où l'entreprise est interpellée sur ses responsabilités morales, dans les domaines de l'environnement social et naturel. Ainsi, dans un souci moral, mais aussi dans un objectif de performance globale, économique et humaine, l'entreprise ne peut faire l'économie du soin de ses salariés, de l'honnêteté envers ses clients, ses fournisseurs ; en un mot elle ne peut faire l'économie d'une cohabitation sereine avec son environnement naturel et social.

---

1. J. Coleman, *Foundations of Social Theory, op. cit.,* p. 386.

Conclusion

Le déroulement de ce commentaire a cherché a répondre à plusieurs interrogations : Quel lien entre éthique et économie ? Comment parler d'éthique de l'entreprise ? De quelle façon l'entreprise peut-elle être morale ? Comment s'articulent le niveau individuel et le niveau collectif de l'éthique dans l'entreprise ?

En évoquant différentes théories de l'éthique en entreprise, nous avons cherché à replacer l'éthique et l'économie dans un écosystème humain plus global. Ainsi, la question « pourquoi les entreprises seraient-elles éthiques (par intérêt ou par humanisme) ? » a été dépassée, et nous avons plutôt cherché à montrer, que l'éthique est une nécessité induite par le fait que le groupe-agent entreprise évolue et agit dans un monde humain. Au sein de l'entreprise, nous avons cherché ensuite à comprendre comment pouvaient s'articuler – ou se confronter – l'éthique individuelle et l'éthique collective. Cela étant dit, nous avons également souligné la portée singulière de l'entreprise, à la fois individuelle et collective, mêlant des intérêts des deux ordres. L'entreprise est un objet spécial, mêlant les intérêts humains et les intérêts économiques parfois de manière harmonieuse et parfois moins. Comme un agent, elle peut agir d'une bonne ou d'une mauvaise façon, délibérer et décider d'une bonne ou d'une mauvaise façon. Mais elle est, quoi qu'il en soit, toujours intriquée dans une sphère éthique. Parce qu'elle est censée servir à développer un grand nombre d'activités humaines, la finalité économique n'est pas l'économie elle-même mais le développement humain.

> L'économique ne possède pas à son propre niveau la totalité de son sens et de sa finalité, mais une partie seulement [1].

La sphère économique est donc incluse dans un autre ensemble plus global qui est celui du développement humain.

Plus exactement, la logique économique est incluse dans deux ensembles connexes : celui de l'humain et celui de la biosphère, condition de vie de l'humain. La logique d'inclusion pose que tout élément d'un sous-système est régulé par le système plus global qui l'inclut. Appliqué au rapport entre sphère économique (sous-système) et sphère humaine (système incluant), le système économique doit donc être régi par les lois de la vie humaine.

> Doublement incluse dans la sphère humaine et dans la biosphère, la sphère économique apparaît donc comme un sous-système ouvert et auto-organisateur qui se maintient en état de stabilité voire complexifie sa structure (phénomène de développement) grâce à une double ouverture sur l'homme et la biosphère. C'est en effet dans la sphère humaine que se situe la raison d'être de l'activité économique : la satisfaction des besoins humains, mais également un élément essentiel à son fonctionnement : le facteur travail. Quant à la sphère naturelle, elle fournit un ensemble de biens et de services (…) [2].

La réhabilitation de la biosphère en tant qu'ensemble onto-logique incluant les autres, condition de vie humaine, paraît évident. C'est dans la sphère humaine et le maintien de sa condition (la biosphère) que l'économie doit chercher ses finalités. Cette finalité devrait représenter un principe de

---

1. M. Godelier, *Rationalité et irrationalité en économie*, Paris, La Découverte / Maspero, 1983, p. 31.

2. J-P. Maréchal, *Humaniser l'économie*, Paris, Desclée de Brouwer, 2008, p. 149.

contrainte minimale évident pour l'économie. Or, on peut se demander si le fonctionnement concret de l'économie libérale ne se détourne pas de ces principes.

> (...) l'erreur fondamentale de l'économie instrumentale : avoir confondu l'optimisation dans la sphère économique (par introduction des coûts environnementaux dans les fonctions de production ou de consommation) avec le vrai problème qui est celui du respect de fonctions et des régulations conditionnant la reproduction des milieux naturels [1].

La relation qui unit les trois sphères économique, humaine et naturelle, est une relation d'ordre hiérarchique à la fois structurelle et fonctionnelle [2]. Structurelle en raison de la double inclusion qui a été soulignée, et fonctionnelle car l'économie étant un sous-système de la biosphère et de la sphère humaine, elle doit intégrer leurs contraintes de reproduction. Ainsi, Passet estime utile et nécessaire de rappeler que l'économie doit respecter les fonctions et les régulations conditionnant la reproduction des milieux naturels. Il défend une approche bioéconomique de la destruction créatrice [3]. En effet, selon ce chapitre 9 du livre I des *Politiques* d'Aristote que nous allons bientôt refermer, dans son acception non corrompue, l'économie est un moyen de développement par l'acquisition de biens qui sont des moyens pour augmenter le développement de l'humanité. Vue leur place fondamentale dans l'économie, les entreprises sont principalement responsables du fait que l'économie reste un moyen au service du

---

1. R. Passet, *Les grandes représentations du monde et de l'économie à travers l'histoire*, *op. cit.*, p. 919.

2. J-P. Maréchal, *Humaniser l'économie*, *op. cit.*, p. 149.

3. R. Passet, *Les grandes représentations du monde et de l'économie à travers l'histoire*, *op. cit.*, p. 895.

développement humain. Elles ont une responsabilité majeure dans le fait que l'économie reste arrimée à une visée éthique. C'est en ce sens qu'on parle de la responsabilité sociétale des entreprises. Par leurs actes, elles impriment le sens de l'économie.

TEXTE 2

PHILIP PETTIT
Deux sophismes à propos des personnes morales [1]

Lorsqu'un certain nombre de gens se réunissent pour former une personne morale, ils exercent le droit de s'associer, ce qui répond en général à l'existence d'intérêts communs, commerciaux ou autres. Mais nos intérêts communs, en tant que membres supposément égaux d'une communauté, nous conduisent à imposer des limites juridiques à la manière dont les gens s'associent dans telle ou telle sphère d'activité, quand par exemple ils conspirent en vue de commettre un crime ou forment un cartel pour contrôler les prix. Et, par analogie, il est nécessaire que des intérêts communs et partagés nous conduisent à mettre des limites juridiques à la manière dont les individus ont le droit de s'associer pour former des personnes morales. En d'autres termes, il est nécessaire que ces intérêts nous conduisent à restreindre les droits dont peuvent jouir les personnes artificielles créées par association. Après tout, les personnes morales ou artificielles, comme dit Blackstone [2],

---

1. Ph. Pettit, « Deux sophismes à propos des personnes morales », trad. fr. D. Ozyildiz et B. Boudou, *Raisons politiques,* 56, n° 4, décembre 2014.
2. W. Blackstone, *Commentaries on the Laws of England,* New York, Garland, 1978.

« sont conçues et créées par les lois humaines en vue de satisfaire des raisons sociales et politiques ».

Cet argument, énoncé de façon un peu plus précise, se déroule comme suit :

1) Donner des droits à des personnes morales (*corporate agents*) signifie donner des droits d'association corrélatifs à leurs membres. Donc donner le droit à une personne morale de changer de sphère d'activité, c'est donner à ses membres le droit de s'associer d'une manière qui leur permet de modifier la sphère dans laquelle ils agissent ensemble.

2) Les droits d'association qui devraient être donnés à des agents individuels doivent être déterminés d'après la prise en compte des intérêts des individus dans la communauté ; non seulement les intérêts de ceux qui s'associent, mais aussi, dans un esprit égalitaire, les intérêts des autres.

3) Par conséquent, les droits qui devraient être donnés aux agents collectifs (*corporate agents*) doivent être établis d'après l'égale prise en compte des intérêts des individus qui s'associent et de ceux qui sont concernés (*affected*), et non pas d'après les intérêts des agents collectifs eux-mêmes.

La proposition (1) affirme que les droits des personnes morales (*corporate persons*) sont déterminés par les droits des individus, en particulier par leurs droits d'association. La proposition (2) estime que les droits des individus de s'associer devraient être restreints de sorte à s'ajuster aux intérêts de tous les individus dans la communauté. La proposition (3) conclut que les droits des personnes morales correspondants devraient par conséquent être restreints de la même façon.

Cet argument présuppose, de façon plausible, que les intérêts de tous les individus dans la communauté, plus ou moins équitablement pesés, devraient déterminer les droits accordés à n'importe quel individu, en particulier les droits d'association que nous établissons. Il montre que si nous sommes fidèles à ce principe – que nous appellerions principe d'égalité des intérêts individuels – alors nous devons être prêts à limiter les droits que nous établissons pour les personnes morales formées par les individus, selon leur effet sur les intérêts des individus.

COMMENTAIRE :
LES DROITS DES AGENTS COLLECTIFS

Le texte dont sont extraites ces lignes s'intitule : « Deux sophismes à propos des personnes morales ». Partant du constat de la privatisation (*corporatization*) du monde et du fait que « de plus en plus d'entreprises font partie des conglomérats multinationaux »[1], Pettit souligne la nécessité pour les êtres humains de penser leur relation avec ce type d'agents collectifs qui prend de plus en plus d'ampleur sur la scène mondiale. Pour penser cette relation, il faut se débarrasser de deux sophismes, de deux erreurs de jugement qui consistent à croire : 1) que les entreprises ne sont pas des agents réels et 2) que les personnes morales ont des droits propres.

Dans la partie théorique de cet ouvrage, nous avons vu comment Philip Pettit défend l'existence réelle des agents collectifs (*corporate agents*), prenant ainsi position contre le premier sophisme[2]. Dans l'argumentation de List et Pettit que nous avons reprise, les personnes morales peuvent et doivent être reconnues comme des agents à part entière dans la mesure

1. Ph. Pettit, « Deux sophismes à propos des personnes morales », art. cit., p. 5.
2. C. List et Ph. Pettit, *Group Agency : The Possibility, Design, and Status of Corporate Agents*, op. cit.

où elles prennent des décisions et agissent sur le monde en leur propre nom. On dit en effet : « Greenpeace lutte contre la pêche en eaux profondes » et cette proposition n'est pas une façon de parler. Cette phrase renvoie bien au fait que Greenpeace, en tant que personne morale, lutte contre la pêche en eaux profondes. En aucun cas elle ne fait directement référence à certains individus physiques qui luttent contre la pêche en eaux profondes. Il existe bien au moins deux niveaux d'agentivité distincts : le niveau individuel physique et le niveau collectif, du groupe, de la personne morale.

L'extrait de texte que nous avons choisi propose de poursuivre le raisonnement basé sur ce présupposé du groupe reconnu comme agent à part entière, en cherchant à l'appliquer à la question des droits des agents collectifs : Puisque les agents collectifs doivent être reconnus comme des personnes au même titre que les individus sur le plan de l'agentivité, ce qui implique qu'ils ont, comme les personnes physiques, une responsabilité, peut-on dire qu'ils ont les mêmes devoirs et les mêmes droits ? Est-ce la même responsabilité ?

Pettit prend position dès l'énoncé du deuxième sophisme qui consisterait selon lui, à considérer que les agents collectifs ont les mêmes droits propres que les personnes physiques. Pour comprendre l'enjeu de ce positionnement, on peut revenir sur le concept de la « personne morale » et son traitement juridique, notamment en France.

LA PERSONNE MORALE

Comme il a été dit, le terme de « personne morale » existe depuis le XIIIe siècle et il est aujourd'hui reconnu dans le cadre juridique. Il stipule qu'un groupe peut être considéré comme responsable au titre d'une personne ; une personne, capable d'endosser une responsabilité, et ayant des droits. Le principe de la responsabilité pénale des personnes morales a quant à lui été reconnu en France en 1994. L'article 121-2 du Code pénal, modifié par la loi du 9 mars 2004, prévoit que « les personnes morales, à l'exclusion de l'État, sont responsables pénalement, selon les distinctions des articles 121-4 à 121-7, des infractions commises, pour leur compte, par leurs organes ou représentants ». La responsabilité des personnes inclut les personnes morales de droit privé, qu'elles aient pour but la recherche de profits ou non (sociétés civiles ou commerciales, groupement d'intérêt économique, associations, syndicats, fondations, partis politiques, institutions représentatives du personnel) et les personnes morales de droit public telles que les établissements publics, les collectivités territoriales. Elle exclut l'État et les groupements en formation en raison de l'absence de personnalité morale. Depuis 2004, les personnes morales sont responsables de plein droit de l'ensemble des infractions. En outre une personne morale peut se voir reprocher une infraction actée ou tentée, elle peut également être auteur ou complice. La personne morale peut être responsable par l'intermédiaire d'une personne physique exerçant certaines fonctions de direction ou d'administration, de gestion ou de contrôle. Mais une faute peut être imputable directement à la personne morale si une personne physique n'est pas identifiable (par exemple dans le cas d'une politique commerciale). Par conséquent la responsabilité pénale de la personne morale est indépendante de celle des personnes physiques. Pettit revient sur l'histoire du concept de « personne morale » et de ses droits. L'évolution de ce concept dans l'histoire juridique, qui repose en fait sur une vision plus ou moins intègre de la personne morale, pourrait être mise en parallèle, de façon éclairante, avec la définition de « la personne » chez Parfit. L'auteur de *Reasons and persons* semble en effet poser la personne comme un simple agrégat de perceptions (selon une conception dite humienne), remettant en cause la nécessité même de penser l'existence de la personne, et la plaçant, en tout état de cause, dans la catégorie des fictions [1]. Ce parallèle permet de mieux appréhender la question de l'existence de la personne morale en tant qu'unité actionnelle, en montrant comment cette question a pu se poser également pour la « personne physique ». Car la question des droits d'une personne, physique ou morale, repose dans un premier temps sur l'unité actionnelle qui lui est attribuée et atteste de sa capacité à *répondre* de ses actes.

NORMATIVITÉ DES GROUPES-AGENTS

Ce cadre de questionnement de la personne morale / du groupe étant posé, et la personne morale / le groupe étant reconnus comme agents, il n'en reste pas moins que les groupes-agents, ne sont pas réductibles à la personne physique. Le groupe et la personne physique appartiennent tous deux à l'espèce des agents, mais ils se distinguent au sens où ils appartiennent à deux catégories de personnes différentes : celle de la personne morale et celle de la personne physique. Cette différence induit une nouvelle donne : les groupes n'ont pas les mêmes droits ni les mêmes devoirs que les personnes physiques. C'est ce qu'affirme Pettit. Si les groupes opèrent comme des personnes et ont des avis propres, ils ne peuvent faire de réclamations sur la base des mêmes droits que les individus. Malgré leur similitude fonctionnelle avec des personnes physiques, ils n'ont pas le même statut dans la loi. En effet, si l'on se demande à quoi servent les droits, plusieurs réponses sont possibles : les droits servent à

---

1. D. Parfit, *Reasons and Persons*, Oxford, Oxford Paperbacks, 1986.

protéger les individus, à leur permettre de revendiquer certains intérêts et la possibilité de faire certaines actions, notamment celle de s'associer [1]. Sous peine de trahir l'idée d'égalité entre les individus, Philip Pettit montre qu'il ne faut donner aux personnes morales que les droits qui sont dans l'intérêt des personnes naturelles. Les personnes morales ne peuvent avoir aucune revendication propre [2]. Elles n'ont donc pas et ne doivent pas avoir les mêmes droits que les personnes physiques. En effet, Pettit souligne l'asymétrie de pouvoir entre les deux qui rendrait malsaine et injuste une égalité de droits :

> L'ensemble des droits doit être assigné de façon à éviter de créer une asymétrie injuste de pouvoir – asymétrie hostile à la liberté des individus et plus généralement, à leur bien-être, – dans les relations politiques et privées des gens, tant au sein des groupes que dans la société au sens large [3].

La différence d'envergure entre l'individu et le groupe pourrait rendre dangereuse l'affirmation d'une égalité de droits entre eux.

Cette approche asymétrique concernant les droits et les devoirs des firmes peut se justifier de deux façons. D'un côté, parce que les actions finalisées des firmes ne peuvent justement pas être réduites aux actions finalisées de n'importe lequel de leurs membres. Au-delà de la responsabilité des membres individuels du groupe, il existe une responsabilité

---

1. Ph. Pettit, « Giving Corporate Agents Their Due – and Only Their Due », conference Dewey Lecture in Law and Philosophy, University of Chicago Law School, 2013, https://www.youtube.com/watch?v=UN9SrHGrL2A, consulté le 02/01/2015.

2. Ph. Pettit, « Deux sophismes à propos des personnes morales », *op. cit.*

3. Ph. Pettit, « Giving Corporate Agents Their Due – and Only Their Due » *op. cit.*

résiduelle de l'entreprise pour ses actions, responsabilité qui n'est imputable qu'à elle. Et d'un autre côté, parce que les groupes, dont les entreprises, ne sont créés que dans l'intérêt d'individus, ils ne peuvent avoir de droits que ceux qui sont dans l'intérêt des personnes individuelles.

> Quand bien même il peut être utile pour les membres de la firme et pour d'autres de détenir collectivement des droits de propriété, parce que les firmes ne sont que des instruments créés par des individus poursuivant leurs propres fins, elles n'ont droit ni à la vie ni à la liberté. En l'absence de ces droits, rien ne justifie de leur accorder des droits politiques comme la liberté d'expression, la liberté d'association ou le droit à la protection d'une vie privée [1].

L'idée principale de ces développements est donc bien celle d'une subordination normative et axiologique des groupes-agents aux personnes individuelles, celles qui les composent et celles qui leur sont extérieures, celles qui ont voulu et créé le groupe et les autres. Il n'est pas question d'égalité entre les personnes physiques et les personnes morales : la différence ontologique, reconnue sur le plan juridique, induit une inégalité de droits. Cette subordination des droits des groupes aux droits des individus repose sur une éthique utilitariste où les droits et les devoirs des groupes sont, *in fine*, ceux qui maximisent l'intérêt et le bien-être d'un maximum d'individus affectés ou potentiellement affectés par le groupe.

---

1. R. Adelstein, «Firms as Persons», *Cahiers d'économie politique / Papers in Political Economy*, 65, n° 2, 1er décembre 2013, p. 161-182.

ARTICULATION DE LA NORMATIVITÉ JURIDIQUE
ET DE LA NORMATIVITÉ ÉTHIQUE

Comment articuler ces données sur le plan juridique et sur le plan éthique ? Pettit, à la fin de son article, souligne l'incapacité de notre culture publique et universitaire, à rassembler les traditions de pensée économiques et juridiques pour comprendre la réalité des personnes morales (*corporate reality*) afin d'analyser politiquement un monde de plus en plus privatisé (*corporatized*) [1]. Un axe d'analyse pourrait être de repartir de l'ontologie du groupe pour établir ses caractéristiques normatives qu'elles soient juridiques ou éthiques, sans forcément chercher à les distinguer.

En effet, contrairement aux personnes humaines ou mêmes à d'autres êtres vivants, les entreprises ne sont pas des personnes naturelles. Elles ne peuvent par là-même revendiquer de droits naturels qui s'apposeraient aux droits positifs : leurs droits, leur normativité, se construisent en même temps qu'elles sont construites. Cette positivité de la normativité des groupes, dépendante de la volonté humaine, étant affirmée, une crainte subsiste : celle de voir la créature échapper à son créateur et spolier les personnes humaines. Le cas de groupes qui défendent des intérêts qui leurs sont propres, en dépit de l'intérêt de populations n'est pas un mythe, mais il est alors compliqué de savoir dans quelle mesure c'est le groupe qui est responsable ou un individu qui se sert du groupe pour déguiser ses ambitions personnelles. C'est certes un cas juridique et éthique épineux qui relève notamment des questions de lobbying responsable que nous n'allons pas aborder ici même si elles ont évidemment un lien fort. Nous voudrions plutôt

---

1. Ph. Pettit, « Deux sophismes à propos des personnes morales », art. cit., p. 22.

terminer cet ouvrage en insistant sur la positivité de la normativité des personnes morales qui se construit en même temps
qu'elles se construisent, induisant une certaine historicité de la
norme.

Cela est plein de sens par rapport aux questions normatives
fortes de responsabilité sociétale qui se posent d'une nouvelle
façon aux entreprises. Ces questions interrogent l'agentivité de
l'entreprise à la fois sur le plan éthique et sur le plan juridique,
la frontière entre les deux étant poreuse. En effet des entreprises responsables mettent en place des actions socialement
innovantes, allant au-delà de ce qu'elles seraient légalement
contraintes de faire. Les exemples de la Grameen Danone
Foods[1] ou des verres Essilor[2] sont devenus célèbres, mais on
pourrait citer beaucoup d'autres actions d'entreprises qui
visent à avoir un impact social. Ces exemples montrent que la
dichotomie un peu manichéenne du couple moral/légal
accepte, et même nécessite, des nuances. En effet, si les deux
domaines de la moralité et de la légalité ont pu vivre longtemps
dans leur monde propre, on observe aujourd'hui une «éthici-
sation» du droit et un phénomène de «juridicisation» de
l'éthique. Dans les cas cités en exemple, on retrouve la notion
de volontariat comprise dans le modèle de la RSE. Le droit ne
se réduirait pas au formalisme juridique et ferait place à une
soft law; à des règles certes, mais non-obligatoires. L'action
éthique de l'entreprise peut alors servir à pallier la lourdeur
juridique ou un vide normatif. L'être-au-monde responsable

1. M. Yunus, *Vers un nouveau capitalisme*, Paris, Jean-Claude Lattès,
2008, chap. II.

2. «RSE, entrepreneuriat social et stratégies BoP: Quand les grandes
entreprises développent de nouveaux modèles pour toucher les plus pauvres»,
Rapport du 3e forum Convergences, Table Ronde 1, Paris, 25 et 26 mai 2010,
http://www.convergences.org/assets/uploads/C2015_Rapport-du-3%C3%A8
me-forum_TR11.pdf, consulté le 13/02/2015.

qui est attendu aujourd'hui de l'entreprise implique en fait de dépasser le seul ordonnancement normatif par l'institution juridique et appelle une nouvelle porosité des frontières entre juridique et éthique, qui permette les mouvements volontaires à plus petite échelle. On peut d'ailleurs préciser que, dans la réalité, les démarches RSE précèdent la loi. Elles existent d'abord puis sont reprises par la loi. Par ailleurs,

> (…) de nombreuses règles de nature légale et donc en principe contraignantes laissent des grandes marges non seulement d'interprétation, mais de possibilité de les mettre en œuvre ou de ne pas les mettre en œuvre [1].

La seconde raison est due au fait que, malgré les lois sur la RSE, cette démarche reste autonome, car la notion de « responsabilité » oblige à une appropriation, un endossement éthique au niveau individuel et au niveau collectif, les deux étant articulés.

---

1. A. Klarsfeld et C. Delpuech, « La RSE au-delà de l'opposition entre volontarisme et contrainte : L'apport de la théorie de la régulation sociale et de la théorie néo-institutionnelle », *Revue de l'organisation responsable,* vol. 3, 2008, p. 63.

TABLE DES MATIÈRES

TEXTES ET COMMENTAIRES

Imprimé en France par CPI
en novembre 2015
Dépôt légal : novembre 2015

Julien DUTANT, *Qu'est-ce que la connaissance ?*
Hervé GAFF, *Qu'est-ce qu'une œuvre architecturale ?*
Benoit GAULTIER, *Qu'est-ce que le pragmatisme ?*
Pierre GISEL, *Qu'est-ce qu'une religion ?*
Jean-Yves GOFFI, *Qu'est-ce que l'animalité ?*
Denis GRISON, *Qu'est-ce que le principe de précaution ?*
Gilbert HOTTOIS, *Qu'est-ce que la bioéthique ?*
Annie IBRAHIM, *Qu'est-ce que la curiosité ?*
Catherine KINTZLER, *Qu'est-ce que la laïcité ?*, 2ᵉ édition
Sandra LAPOINTE, *Qu'est-ce que l'analyse ?*
Michel LE DU, *Qu'est-ce qu'un nombre ?*
Pierre LIVET, *Qu'est-ce qu'une action ?*, 2ᵉ édition
Louis LOURME, *Qu'est-ce que le cosmopolitisme ?*
Fabrice LOUIS, *Qu'est-ce que l'éducation physique ?*
Michel MALHERBE, *Qu'est-ce que la politesse ?*
Paul MATHIAS, *Qu'est-ce que l'internet ?*
Lorenzo MENOUD, *Qu'est-ce que la fiction ?*
Michel MEYER, *Qu'est-ce que l'argumentation ?*, 2ᵉ édition
Michel MEYER, *Qu'est-ce que le théâtre ?*
Anne MEYLAN, *Qu'est-ce que la justification ?*
Cyrille MICHON, *Qu'est-ce que le libre arbitre ?*
Paul-Antoine MIQUEL, *Qu'est-ce que la vie ?*
Jacques MORIZOT, *Qu'est-ce qu'une image ?*, 2ᵉ édition
Gloria ORIGGI, *Qu'est-ce que la confiance ?*
Mélika OUELBANI, *Qu'est-ce que le positivisme ?*
Claire PAGÈS, *Qu'est-ce que la dialectique ?*
Claude PANACCIO, *Qu'est-ce qu'un concept ?*
Denis PERRIN, *Qu'est-ce que se souvenir ?*
Roger POUIVET, *Qu'est-ce que croire ?*, 2ᵉ édition
Roger POUIVET, *Qu'est-ce qu'une œuvre d'art ?*
Manuel REBUSCHI, *Qu'est-ce que la signification ?*
Dimitrios ROZAKIS, *Qu'est-ce qu'un roman ?*
Jean-Marc SÉBÉ, *Qu'est-ce qu'une utopie ?*
Yann SCHMITT, *Qu'est-ce qu'un Dieu ?*
Alexander SCHNELL, *Qu'est-ce que le phénomène ?*
Franck VARENNE, *Qu'est-ce que l'informatique ?*
Hervé VAUTRELLE, *Qu'est-ce que la violence ?*
Joseph VIDAL-ROSSET, *Qu'est-ce qu'un paradoxe ?*
Joseph VIDAL-ROSSET, *Qu'est-ce que la négation ?*
John ZEIMBEKIS, *Qu'est-ce qu'un jugement esthétique ?*